解放父母 解放孩子

好父母 好孩子 书坊

解放父母，不仅是父母可有效施行的一种教育方案，更是父母的一种权利，解放孩子，不仅是孩子能健康成长的一种精神保障，更是孩子成为一个独立个体的必要条件。

收一个全心投入的家长，培养建康成长的孩子

[美]阿戴尔·费伯 伊莱恩·梅兹立希 ◎著

Release Parents
Release Chieldren

约时报、亚马逊网络书店、金石堂网络书店、当当网络书店、卓越网络书店五星级图书《如何说孩子才会听，怎么听孩子才肯说》作者第一本力作。荣获美国"克里斯托弗奖"，借以表彰她们在"肯定人类精神最高价值方面的文学成就"。

畅销 30 多年

总销量达 5，870，000 册

美国的中产阶级家庭几乎人手一册

内蒙古人民出版社

图书在版编目(CIP)数据

解放父母解放孩子/[美]阿戴尔·费伯、伊莱恩·梅兹立希著；赵健、邹舟译；赵健、邹舟主编.—呼和浩特：内蒙古人民出版社，2008.7
（好父母好孩子书坊）
ISBN 978-7-204-09659-6

Ⅰ.解… Ⅱ.阿…伊… Ⅲ.赵…邹… Ⅳ.家庭教育 V.G78

中国版本图书馆 CIP 数据核字(2008)第 111374 号

好父母好孩子书坊

赵健 邹舟 主编

责任编辑	王继雄
封面设计	沐雪
出版发行	内蒙古人民出版社
地　　址	呼和浩特市新城区新华东街祥泰大厦
印　　刷	北京洲际印刷有限责任公司
经　　销	新华书店
开　　本	1/16
字　　数	2000 千字
印　　张	140
版　　次	2009 年 9 月第 2 版
印　　次	2012 年 7 月第 6 次印刷
印　　数	1～5000 册
书　　号	ISBN 978-7-204-09659-6/G·2793
定　　价	298.00 元（全十册）

如出现印装质量问题，请与我社联系。
联系电话：(0471)4971562　4971659

prologue
前　言

孩子在父母眼中绝对是第一位的，拥有一个优秀的孩子,对于父母们来说,是家庭生活中最重要的一件事。

为了孩子舍弃自己梦想，为了孩子牺牲自己的人生,整天忙的焦头烂额,甚至失去自我,这样的父母在现实中屡见不鲜。在他们看来,这一切都是为了孩子,自己的做法绝对没有错！

其实,这种想法不但错了,而且是大错特错。

教育孩子是一门很深的学问，它自有其独特的运作方法和技巧。通过细致、深入地调查与研究,我们发现：与孩子们生活在一起,将他们养育成人是一项极富挑战性、极易让人精疲力尽的过程,在这个过程中,父母仅具有爱心是远远不够的,很多情况下,还需要父母有足够的智慧和耐力。也就是说,教育孩子不是靠父母单纯的牺牲就能达到好的效果,事实上,"牺牲"式父母不仅无法教育好孩子,甚至会把自己和孩子都推向不幸的深渊。

父母是孩子的第一任老师，父母的生活态度和生活方式会最大程度地影响孩子,而"牺牲型"父母所承受的巨大压力和对孩子的过高期望,只能让孩子感受到痛苦与压力,成为问题孩子。所以,父母必须从"牺牲者"这一角色中解放出来,摆脱牺牲式的教育方法,只有这样孩子才可能得到相应的解放,进而才会得到快乐并在快乐中取得成功。

prologue

当然,父母仅仅解放自己还是不够的,还需要解放孩子,有学者指出:为人父母的重要目标之一就是要帮助孩子从我们身边解放出去,帮助他们成为一个独立的个体。此外,父母应该认识到,"解放父母,解放孩子"是一种互动的教育行为,父母要在解放自己的过程中解放孩子,反过来亦然。

那么,到底该如何解放父母?如何解放孩子?又如何让这两者形成一种互动?

这正是本书所要告诉给广大读者朋友的。

本书从大量的教育案例中提取众多具有针对性的经典个案,加上作者对家庭教育的深入了解和精彩论述,从十一个方面全方位、深角度地剖析和讨论了我们上面所提出的命题:

一、父母快乐,孩子才会快乐
二、父母应该丢掉的不健康心理
三、不要以"爱"的方式毁掉孩子
四、蹲下来与孩子一起看世界
五、把孩子从固定的角色中解放出来
六、孩子做错事,父母怎么办
七、解放孩子的双手
八、如何做,孩子才能学得好
九、让孩子学会如何与他人沟通
十、引导孩子的消费理财能力
十一、让家庭成为孩子诗意的天堂

关于家庭教育的种种问题和解答,都精炼地涵盖在这十一个方面,我们将此奉献给广大的父母,希望你们能从中有所受益,解放自己,解放孩子。

目录 CONTENTS

第一章 父母快乐，孩子才会快乐

- 打造快乐孩子需要快乐父母 ………………………… 2
- 让幸福感伴随孩子每一天 …………………………… 4
- 与孩子分享快乐 ……………………………………… 7
- 与孩子一起做孩子喜欢做的事 ……………………… 9
- 父母要培养自己的幽默感 …………………………… 11
- 肯定孩子的进步 ……………………………………… 13
- 让孩子在赏识中快乐成长 …………………………… 14
- 孩子不是你的"出气筒" ……………………………… 17

第二章 父母应该丢掉的不健康心理

- 丢掉补偿心理，找回平常心 ………………………… 22
- 谨防内疚悔恨心理被孩子学习和利用 ……………… 24
- 虚荣心：为了孩子还是为了你自己？ ……………… 26
- 摒弃固执心理，不要跟孩子较劲 …………………… 28
- 学会示弱，在孩子面前不需要太要强 ……………… 30
- 苛求完美——孩子不能承受之重 …………………… 31
- 当关爱变成溺爱 ……………………………………… 32

第三章　不要以"爱"的方式毁掉孩子

爱不仅仅是一种情感 ………………………………… 36
别不在乎孩子的爱 …………………………………… 38
没有尊重的爱是一种伤害 …………………………… 40
过高的期望会毁掉孩子 ……………………………… 42
陪读"陪"掉的是什么？ ……………………………… 44
打是亲，骂是爱？ …………………………………… 46
当孩子被人欺负时 …………………………………… 49
胎教一定要谨慎 ……………………………………… 51

第四章　蹲下来与孩子一起看世界

蹲下来，才能进入孩子的内心世界 ………………… 54
父母应该保持一颗童心 ……………………………… 56
放下家长的架子 ……………………………………… 59
试着让孩子自己拿主意 ……………………………… 61
用孩子的眼光看孩子的世界 ………………………… 63
帮助孩子实现一些简单"梦想" ……………………… 66
和孩子一起成长 ……………………………………… 68

第五章 把孩子从固定的角色中解放出来

正确对待孩子的兴趣 …………………………… 72
保护孩子的好奇心 ……………………………… 74
不要打击孩子的想象力 ………………………… 76
帮孩子摆脱思维定式 …………………………… 78
保护孩子的创造能力 …………………………… 80
给孩子应有的自由 ……………………………… 83
分数并不能说明一切 …………………………… 86

第六章 孩子做错事,父母怎么办

顶嘴:正确沟通,要说服而不压服 …………… 90
说谎:善意诱导,对症下药 …………………… 93
说脏话:除去脏话对孩子的吸引力 …………… 95
爱发脾气:切忌简单粗暴 ……………………… 97
逆反:以尊重为前提,平和对待 ……………… 100
早恋:正确引导,不要回避青春期教育 ……… 102
网瘾:合理疏导,培养孩子的自控力 ………… 104
当父母错了:真诚地向孩子道歉 ……………… 106
以奖代罚,包容孩子的错误 …………………… 108

第七章　解放孩子的双手

过分保护带来孩子的无能 …………………………………… 112
"授之以渔"和"授之以鱼" …………………………………… 114
让孩子从小事做起 …………………………………………… 116
培养孩子的生活自理能力 …………………………………… 118
让孩子有计划地做事 ………………………………………… 120
培养孩子敢于冒险的能力 …………………………………… 122
让孩子敢作敢当 ……………………………………………… 123
让孩子学会保护自己 ………………………………………… 125
让孩子融入到集体中去 ……………………………………… 126

第八章　如何做，孩子才能学得好

读万卷书，行万里路——带着孩子去旅行 ……… 130
化被动为主动，激发孩子学习的潜动力 ………… 132
激发孩子的学习兴趣 ………………………………………… 134
培养孩子勤于思考的好习惯 ………………………………… 137
让孩子懂得积累 ……………………………………………… 139
让孩子善于提问 ……………………………………………… 141
帮助孩子提高阅读能力 ……………………………………… 145
帮助孩子提高记忆力 ………………………………………… 149
让学生懂得珍惜时间 ………………………………………… 154

第九章 让孩子学会如何与他人沟通

孩子应该拥有自己的朋友 …… *158*
培养孩子的宽容之心 …… *161*
让孩子学会分享与合作 …… *164*
让孩子懂得关爱他人 …… *166*
千万不可目中无人 …… *168*
让孩子学会倾听 …… *170*
让孩子懂得拒绝 …… *172*
帮助孩子走出自闭心理 …… *175*
帮助孩子克服羞怯心理 …… *177*
帮助孩子克服嫉妒心理 …… *180*

第十章 引导孩子的消费理财能力

管好孩子的零用钱 …… *184*
教会孩子怎样正确地花钱 …… *186*
纠正孩子用钱过度的毛病 …… *188*
学会拒绝孩子 …… *189*
帮助孩子树立花钱自己赚的观念 …… *192*
帮助孩子养成良好的储蓄习惯 …… *194*
如何对待孩子不当的借钱行为？ …… *196*

第十一章　让家庭成为孩子诗意的天堂

给孩子营造一个民主和谐的家庭氛围 204
给孩子建立一个家庭图书馆 206
让家庭带给孩子快乐的力量 208
把笑容留给孩子 211
让孩子带着秘密成长 212

父母快乐，孩子才会快乐

解放父母　解放孩子

◇ 打造快乐孩子需要快乐父母

　　有一句话说的好,快乐与朋友分享,快乐便会增加一倍;烦恼向朋友倾诉,烦恼便会减少一半。其实这句话用在父母与孩子的身上也是很适合的。

　　自从孩子来到这个世界后,做父母的就希望孩子能有快乐的生活、快乐的求学生涯、快乐的人生,并为此尽心尽力地付出:看各种各样的育儿图书;和有经验的人交流养儿之道;学做各种孩子爱吃的菜肴;打听哪里有好的学习方法、补习中心等等……

　　父母之所以这样做,是因为他们知道快乐的孩子学习效率高,快乐的孩子愿意帮助他人,快乐的孩子更能经受挫折! 成功的人不一定快乐,可快乐的人一定是成功的!

　　那么,如何才能使孩子快乐呢?

　　事实上,孩子们的快乐大部分来自于我们父母,不仅仅是来自于我们所给的丰富的物质资源,更重要的是来自于我们的快乐精神! 父母是孩子的快乐之源,父母快乐,孩子才会快乐。

　　那么,如何才能成为快乐父母呢? 如何才能打造快乐孩子呢? 以下六条建议可供参考:

一、带上"赞美眼镜"

　　及时发现孩子的优点并赞美他,比如当他写了一篇好的作文时,你要能及时地予以表扬,而且要尽量地具体:"你描写的这处场景很生动,这个形象塑造的很成功。"对于孩子来说,这是一个很快乐的礼物。它能在给孩子带来快乐的同时,帮助孩子建立自信,以乐观的态度来面对生活的挑战。

二、爱的"大餐"和"小点心"

一个生活在充满爱意的家庭中的孩子是最快乐的。美国某人际关系专家将父母对孩子的爱分为两种:爱的"大餐"和"小点心",他指出:爱的大餐是指每天 3 回,每次至少 3 分钟主动地表达对家人及孩子的爱。爱的小点心有很多种:可以是额头上的轻吻、一句衷心的赞美、一声谢谢,费时不多,但功效神奇。不论是大餐还是小点心,父母都必须全神贯注。

三、从小对孩子进行幽默训练

研究表明,幽默感是情商的重要组成部分。具有幽默感的孩子大多开朗活泼,人际关系也要比一般的孩子好得多。幽默还能帮助孩子更好地应对生活和学习中的压力和挫折,他们往往过得比较快乐,也能比较轻松地完成学业。而人的幽默感大约有 3 成是天生的,7 成则须靠后天培养,所以父母一定在这一方面加以重视。

四、智慧带来快乐

养育孩子需要父母的快乐,而父母的快乐需要靠智慧的方式传递给孩子。来看这样一个故事:有一位妈妈在厨房洗东西,听到她的儿子在院子里跳个不停,妈妈好奇地问:"你在玩什么呀?"孩子回答:"我跳到月球上去了!"当时这位妈妈愣了一下,但她很有智慧,随后她很温和地说:"喔,千万不要忘了回来呀!"许多年后,这个孩子长大了,他成了地球上第一个登上月球的人,他的名字叫阿姆斯特朗。

五、学习沟通技巧,学会了解孩子

亲子间的沟通不良,是绝大多数孩子失去了应有的快乐。父母在与孩子沟通前,一定要先了解孩子此时此刻的情绪和心理,因为每一种情绪和心理的背后都有某种动机,你只有清楚地了解孩子的心理动机后,才能和他进行有效的沟通。

六、珍惜家人共聚的时间

许多人在回忆自己成长中所经历的快乐场景时，往往最先想起的就是家人团聚的时间。比如用餐的时间，节假日的活动等，这些都有可能成为孩子一生中最快乐的回忆。有一句古老的格言这样说道："一家人吃饭时是争论还是谈话，是称赞还是训斥，是一个很好的测量计，它可以看出这个家庭是在疏远分离，还是越来越亲近。"如果你要创建一个彼此没有距离的快乐家庭，那就从餐桌上开始吧！

◇ 让幸福感伴随孩子每一天

幸福是内心的一种持久性快乐，让幸福感时刻伴随在孩子身边，就等于是给了孩子快乐的源泉和动力。

如何给予孩子幸福感？父母首先必须认识到，对于孩子来说，幸福不是你送的芭比，不是你给孩子买的最新的动画片，也不是你给他的一柜子的衣服。真正的幸福有着深刻的内容。

权威心理学家研究表明，事实上，在每个孩子的成长过程中，都需要依次建立两个幸福感："首要幸福感"和"次要幸福感"。

首要幸福感。指的是孩子对父母给予自己的爱的完全确证，是明确地、毫无疑问地坚信，父母永远无条件地爱自己。这个幸福感的完全建立，是在孩子3岁左右。3岁之前，孩子需要父母经常地向自己用语言和行动来表达爱。首要幸福感一旦确立，终生不会动摇，孩子也不再需要父母时刻在自己身边才能够感觉到爱。

次要幸福感，指的是孩子在日常生活中所获取的快乐，如搭积木、过家家、拉小提琴等。

首要幸福感不牢固的孩子，次要幸福感也很难健全。因为他们的快乐，过度依赖于外在的"成就"：是否马上得到自己想要的玩具、食品、考试成绩是否好、老师是不是喜欢我等等。如果顺利,就特别高兴;如果不顺,就感到受挫折。这样的孩子,精神不独立,对人、物、事的依赖性特别强。

因此,父母要随时随地让孩子感觉到父母的爱,具体可参考以下九个建议:

一、尊重孩子

孩子需要父母的尊重,孩子是独立的大写的人。外在强加的活动对孩子来说是痛苦的,尊重孩子比送他贵重的玩具更能让他幸福。

二、倾听,走进孩子的内心世界

对孩子来说,你能专心听他倾诉是很重要的事情,这表明你在关注他,即使他讲述的事情你可能已经听过一遍,但是不要打断她,只要把注意力放在他身上就好了。

三、接触自然

和孩子一起去滑雪,一起骑车,一起在公园里玩,这样可以让孩子更健康、更茁壮,还能让他拥有更多的欢笑与快乐。经常运动能让孩子身心放松,能让孩子有健康的体态,也能让孩子因为自己能完成一些体育运动而获得自豪感。如果你鼓励他去做他喜欢的运动,或许他还能从这项运动中得到更多的乐趣。

四、表扬得有技巧

不要只对孩子说:"做得真棒!"当孩子有进步的或者掌握了一门新技能的时候,你要能指出你观察到的细节,说:"你描述的英雄真形象,好像就在我的眼前。"或者"我喜欢你这种画树的方法",这些形象的语言远比一句空洞的赞扬要好得多。

五、微笑和拥抱

父母对孩子微笑等于对孩子说:"我爱你!"在孩子身边的时候,一定要拥抱他。专家指出,每天给一个孩子4次拥抱,仅是生存需要;给他8次拥抱,他能保持好的状态;给他16次拥抱,他才会成长。父母要记住,每次微笑和拥抱对孩子都是有好处的。

六、向孩子表示爱意

把握爱的"质"和"度",坚持物质的爱与精神的爱相结合,坚持"大爱"与"小爱"相结合。向孩子表示爱意,这是孩子最基本的需要之一,这能让他感到自信,感到安全。

七、教孩子关心别人

孩子需要感受到他是集体中有价值的一员,所以父母要让孩子能够通过一些有效的方式触及到别人的生活。给孩子更多接触别人的机会,让助人为乐的感受慢慢走进孩子的心灵。比如,你可以选一些他不想要的玩具送到孤儿院。在超市里,让他选一些家里不需要的商品援助给贫困区。

八、让艺术走进孩子的心灵

古典音乐对促进大脑发育的有着不可忽视的作用,而且接触音乐、舞蹈、以及其他任何类型的艺术,都能丰富孩子的内心世界。弹钢琴、听音乐能给孩子一个情绪发泄的出口,这是孩子表达对自己、对世界的感受的一种创造性的方法。这种感觉来自于孩子对艺术的感受过程,无论是在学钢琴,还是参加幼儿园的演出,都能让孩子觉得他是优秀的。

九、给孩子展现自己的机会

每个孩子在某个方面都有天才般的本领,为什么不让他展现一下呢?他喜欢书吗?你做饭的时候让他读给你听;他对数字很敏感吗?购物的时候,让他帮你挑选价格最合适的商品。当你调动起孩子的积极性,并展现出你对他的表现很满意时,你就开辟了另一条让孩子更自信的道路。

◇ 与孩子分享快乐

快乐越是与人分享,它的价值便越会增加。"分"的人是快乐的,因为他实现了自己存在的价值;"享"的人也是快乐的,因为他感受到了关爱和友谊。

分享是快乐的大门,学会分享,孩子就进入了快乐的城堡。父母同孩子一起分享喜怒哀乐,不仅有利于协调父母与孩子的关系,使孩子感受到父母的关爱和信任,也能使父母更加深入地了解自己的孩子,从而对孩子的教育做到有的放矢。

相反,如果父母对孩子持不愿分享或不想分享的态度,就无法了解孩子的愿望和要求,这样,孩子对父母的信赖也势必减弱,家庭教育的效果也势必会大打折扣。

对于父母来说,能在孩子的成长过程中分享孩子的点点滴滴,并能够或多或少参与进去,那么,无论是喜乐烦恼,都是一种莫大的幸福。

爱丽丝的女儿玛丽发现姥姥每次炒出香喷喷的菜后,总要先用小盘盛出来一些。

"姥姥,为什么要单独盛出来一盘呢?"她好奇地问。

"留给你妈妈呀,她还没有下班呢!"姥姥说着,同时把饭锅盖严,"玛丽,你盛过饭后要记得把盖盖紧,不然等你妈回来饭就凉了。"女儿仔细一看,发现留下的菜又多又好。

有一次,她神神秘秘地跑来告诉爱丽丝:"妈妈,我告诉你一个秘密吧!在姥姥家,谁晚回家吃饭谁合适!""分享",对于幼小的她原本是一种"新发现",到了后来,习惯变成了自然。

女儿上一年级时的一件小事令爱丽丝至今难忘:

解放父母　解放孩子

"圣诞节"联欢会上,老师发给每位孩子一份节日礼物:两块巧克力。

拿到巧克力,女儿就飞快地跑来找爱丽丝:"妈妈,给,礼物,分你一半!"说完,把一块巧克力塞在爱丽丝手中。

"好!谢谢你!"当着女儿的面,爱丽丝立刻把巧克力放进嘴里,"好吃,好吃,真好吃!"

女儿高兴着跑回座位上去了。

爱丽丝身边的一位妈妈羡慕地说:"看你多幸福啊!你瞧见前面那个小胖子了吧,就是我女儿。你看他一个人吃得多香啊,居然瞅都不瞅我一眼。"听了这话,爱丽丝觉得女儿懂事了,懂得了分享。

很快,女儿上小学六年级了。记得一个周末的下午,爱丽丝正在单位加班。女儿突然从姥姥家打来电话:"妈,你今天下班回姥姥家好吗?有好事!你早点回来!"

"哎!"爱丽丝答应得特痛快,手里加快速度干活。

一个小时过去了,"妈,你怎么还不回来呀?"女儿又打电话来催了。

爱丽丝抬头一看表,快7点了。"好!我很快就回去。有什么好事呀?可不可以先透露透露啊?""我不告诉你!等你回来就知道了!"嘿,女儿居然还卖关子。

时间飞逝,又一个电话打来,活还没有干完……

等爱丽丝回到家,天早就黑了,女儿已经睡了。"你这女儿真没白疼,"母亲说着,把爱丽丝领进厨房,"你看看,这是你宝贝女儿亲自做的水果沙拉。她一直等着你回来,想和你一块吃,可你老不回来!你看,她都没吃,就等着你了!"

看着女儿的杰作:一道水果沙拉竟然竟然做得五彩缤纷:白色、粉色、绿色,真美!想象得出,女儿在制作这道菜时是多么用心!她是想和妈妈共同分享这艺术的杰作。

12岁的女儿,以一颗与人分享快乐的爱心,亲手制作了这份礼物,并以"家传"的分享方式,留下了她一份小小的心意。爱丽丝充分感受到了,一个幼小的心灵,诚挚地把自己创造的快乐,无偿地奉献给别人。

品尝着女儿的沙拉,又甜又咸。甜的是沙拉,咸的是爱丽丝感动的泪水

……

这就是分享的幸福。就这样,"分享"成为了凝聚爱丽丝家人的力量。

总的说来,和孩子一起分享快乐,有利于给孩子一个快乐健康的家庭环境,有利于孩子的健康成长。父母与孩子一起分享快乐不但可以增加相互的理解与信任,而且可以教会孩子为人处世,促进孩子身心的良好发展。所以,父母一定要尽可能与孩子分享快乐。

◇ 与孩子一起做孩子喜欢做的事

孩子是一个独立的个体,他们的兴趣爱好不见得与父母相同,当两者之间存在差异时,孩子经常执著地去做他们感兴趣的事情,这个时候,父母应该怎么办呢?是支持还是反对?正确的做法应该是陪孩子做他喜欢做的事,因为这是父母对孩子的一种责任,也是一种尊重,是非常重要的一种教育方法。

台湾的黄启珩是一位事业有成、家庭幸福的优秀女士。在谈到教育子女的经验时,她的最大体会就是要多陪孩子做孩子喜欢做的事情。黄女士回忆了自己的童年生活,以及她对孩子的教育。她说:我的两个儿女现在都在美国读博士后,别人都问我怎样才把孩子教育得这样优秀,其实答案很简单,我所做的只是尊重孩子个性的发展,并注意多陪孩子做他们喜欢的事情。

黄女士说到了两件令她难以忘怀的小事:

一件事是,女儿小的时候,很喜欢天文,对星座特别感到兴趣,常常半夜邀请我陪她出去看星星。也许很多父母会很自然地反应说,这么晚了还不睡觉,看什么星星!如果父母这么一泼冷水,孩子的兴趣可能被浇灭,孩子的才气也可能从此就被扼杀。所以,不管当时我有多困,多累,我都一定会亲自陪女儿出去注视着星空指指点点,和女儿谈一些日常琐事和人生哲理。直到今日,女儿回想起这件事,偶尔还会撒娇地让我陪她去看星星。女儿后来拿到

解放父母 解放孩子

高能物理博士，或许就是从看星星的兴趣中培养出来的吧！

另一件事，是关于儿子的。儿子到美国念地球物理学后，我还是经常想办法做一些孩子喜欢的事情。虽然我们不在一起，但我仍然想方设法让儿子感觉到我的支持。每当我发现报纸杂志上面有与地球物理相关的报道时，我便剪下来，传真或者寄给孩子。儿子很感动，他把这些资料都贴在寝室的四周墙壁上，同学们问资料是从哪里来的，儿子总是骄傲地告诉同学们是妈妈提供的。

……

在说完了自己的教育心得后，黄女士给人们提出了一些建议：现在，很多父母都抱怨陪孩子的时候太少，但我觉得陪孩子做一些事，关键不在于时间的多少，常常唠叨自己的事情，反而会让孩子反感。要陪孩子，主要是陪他们做一些他们喜欢的事，而不是父母喜欢的事。父母还要多听孩子的心声，多给孩子一些鼓励和肯定，这样亲子间的相处才会变得珍贵、和谐，孩子也会听话，会用心体谅父母的立场和辛劳。

黄女士的建议可谓用心良苦。父母应该明白，孩子所喜欢做的事情，往往是他的优势所在，而且正因为喜欢，他才会非常地专注和投入，并很有可能在这一方面取得成绩。所以我们要像培植幼苗一样地去培养孩子的兴趣，陪他们做喜欢的事情，去发展他的兴趣，使孩子走上一条快乐的人生之路。

孩子的兴趣是非常珍贵的，就像一颗嫩芽，一旦它闪露出来的时候，我们作为父母就要给予关注、给予支持。

那么，父母应该如何陪孩子做他自己喜欢做的事呢？以下的三种方法父母不妨一试：

一、捕捉孩子的每一点快乐

当孩子看漫画看得哈哈大笑时，当孩子踢球累得满头大汗时，当孩子聚精会神地画画时，不要用"赶快去做作业！"之类的话来打断孩子热情，静静地陪孩子坐一会儿，和他一起欢笑。在这一时间，忘掉他的成绩、学业、功课和其他东西吧！

二、珍惜孩子的每一次请求

当孩子发出"陪陪我"的请求时,父母应该尽可能地满足孩子。

三、不要太过刻意地去教育孩子

陪孩子一起学习或玩耍,别试图把和孩子在一起的每一分钟都变成教育,而应该通过言传身教,孩子会一边学习一边观察,并从父母的言行中学习做人做事。

◇ 父母要培养自己的幽默感

幽默是精神生活的阳光。没有阳光,万物皆不会存在或生长。丘吉尔曾这样说过:"我认为,除非你理解世上最令人发笑的趣事,否则你便不能解决最为棘手的难题。"

精神快乐的人最为明显的特点大概就是善意的幽默感。让别人开怀大笑,在笑声中观察五彩缤纷的现实生活,这是消除愤怒与焦躁的最佳方法。

事实上,孩子也需要有幽默感的父母。

广东省妇联曾对广州地区5所中小学507名小学生、258名初中生开展的"儿童参与家庭教育调查"显示:41.4%的小学生、46.9%的中学生希望父母富有幽默感。

由此可见,父母具有幽默感是多么的重要。

中国传统的家庭教育大都严肃多于活泼,从一些俗话便可见一斑,如:"三天不打,上房揭瓦"、"棍棒底下出孝子"。在这种教育思想影响下,父母与孩子的关系往往弄得非常对立。殊不知,最好的家教应该是略带一些幽默的。

解放父母 解放孩子

8岁的小明不小心在爸爸身上撒了一泡尿,本以为爸爸会打他一顿,结果小明爸爸却幽默地说道:"哈,中奖了!"——当然,这时的小明还不能理解这句话中的幽默,但他从爸爸快乐的表情中感受到了快乐,扑哧一声笑了。

9岁的小强因痴迷于武侠电视剧,天天冲冲杀杀的,父母很是担心。一天,小强又在商店里看中了一支新式玩具步枪,缠着要买,而家中的武器玩具早就堆积如山。小强爸爸不想买,但又怕打击孩子,于是幽默地说道:"儿子,你的军费开支也太大了,现在是和平时期,咱们裁减点军费如何?"儿子听了父亲的话哈哈大笑,从此,再也没有要父亲买过武器玩具。

家庭教育的方式多种多样,但总的说来,不外乎疾言厉色、心平气和、风趣幽默三种。家庭教育的本质在"教育"二字,无论哪一种教育方式,都离不开生活理念的灌输,但是不同的灌输形式产生的效果大不相同。疾言厉色的教育可以威慑孩子,但它容易让孩子产生对抗心理,是一种不得要领的教育方式。心平气和式的教育能使孩子体会到自己与父母在人格上的平等,但由于语言平淡,不疼不痒,无法产生持久的效果。风趣幽默的教育触动的是孩子活泼的天性,因而更能在他们的心灵中留下不灭的印迹,使他们时刻以此警示自己。

幽默是父母与孩子沟通的有效方式,它不仅能缓和家庭气氛,拉近亲子距离,更能让孩子们在快乐中接受父母的观点。所有的父母都知道,强制不是教育孩子的最好方法,它很可能让孩子对父母产生强烈的抵触情绪,达不到最佳的教育效果。而幽默则不同,世界上有人拒绝痛苦,有人拒绝忧伤,但绝不会有人拒绝笑声。

在教育孩子时,父母如果经常能想到"寓教于乐",那么,再顽皮、再固执的孩子也会转变的。而孩子如果能一直在这样轻松幽默的家庭环境中长大,身心也一定会是自由快乐的,而且潜移默化地,自己也会慢慢地具备幽默的品质。

Release Parents,Release Children

◇ **肯定孩子的进步**

曾经在网上看到这样一段精彩的对话：假如你的孩子不能成长为参天大树，那就让他做一棵默默无闻的小草吧，他一样可以给你带来春天的美丽；假如你的孩子不能成为一片汪洋，那就让他做一朵最小的浪花吧，他同样可以带给你跳动的喜悦；假如你的孩子不能成为一位名人，那就让他做一个平凡的人，无论是地地道道的农民，或是普普通通的工人，也无论是一名军人还是一位商人，只要他诚实、正直、善良、上进，为父母者都应感到骄傲，因为他们培养出来的孩子是一个对社会有用的人，这就足够了。

肯定孩子的进步对孩子的成长有着积极的影响，能让孩子随时体会到满足和快乐。

当孩子在学习和生活中取得进步，哪怕是很小的进步，作为父母，你都应该说："孩子，你比以前进步多了，继续努力，一定会越来越好的。"

当孩子做事的成效不明显时，不要打击孩子的积极性，要对他说："你每天都在进步，别着急，会好起来的！"

来看这样一则事例：

小李是少年宫的钢琴老师，有一段时间，她曾教过一个叫张明的小男孩，这个孩子学钢琴非常刻苦，虽然刚开始的时候入门比较慢，但后来慢慢地进入了状态，弹得越来越好，小李觉得这个孩子很有潜力。

可有一次，小李却发现张明已经两个周末没有来学琴了。她感到非常奇怪，于是她赶紧拨通了张明家的电话，接电话的正是张明。

"张明，这两个周末怎么没有来学琴呢？"

"妈妈不让我去了。"张明小声地说。

"为什么不让你来了呢？家里有什么事吗？"

解放父母 解放孩子

"没什么事,因为妈妈认为我学不好,再学下去也是耽误时间。"

"怎么会呢,你学得很努力,进步也很快,妈妈为什么会这么说?"

"我每次学完琴回家,妈妈总让我弹给她听。每次弹完,她都说弹得不好,一点进步都没有,就不让我学了。"

挂上电话,小李为张明的妈妈感到悲哀。

仅仅因为孩子没有达到"最佳"或自己心目中满意的标准,就无视孩子的进步,全盘抹杀孩子的成绩,这是对孩子的一种严重伤害,也许在无意中,就因为父母过高的期望而葬送掉一个科学家或艺术家。

父母应该学会肯定孩子的进步。在孩子看来,只要自己取得一点点进步,父母就应该是快乐的,就应该表扬自己。可是有的父母不会站在孩子的角度看问题,总是用大人的标准要求孩子,因而孩子很多时候难以达到父母的要求,这样一来,孩子就很难看见自己的进步,就会产生自己没有用的想法,从而丧失了前进的动力和快乐的源泉。

所以说,父母随时都要看到孩子的进步,尤其是在孩子表现不好或者成效不明显的时候,不要急着去打击孩子的信心和积极性,而是应该寻找和发现孩子的进步,对孩子的表现给予宽容,对孩子的进步给予肯定,这将会让孩子建立或者重新建立做好事情的勇气和信心,也会给孩子带来足够的快乐。

◇ 让孩子在赏识中快乐成长

人性最本质的需求之一就是渴望得到尊重和欣赏。孩子自然也不例外,赏识能让孩子体验被认可的欢乐和喜悦,是父母打造快乐孩子的最佳方式。

中国伟大的教育家陶行知先生,早在半个世纪之前就深刻指出:教育孩子的全部秘密是解放孩子。解放孩子就是要让孩子感受到快乐,而这其中首先要做的就是赏识孩子,没有赏识就没有成功的教育。

孩子的成长道路犹如跑道和战场,父母应为他们多喊"加油,你行",高呼"冲啊,好样的",哪怕孩子一千次跌倒,也要坚信他一千零一次能站起来。

"童话大王"郑渊洁曾在中央电视台的"和爸爸妈妈一起看"节目中,讲述过他童年时期一桩难忘的事:他在小学学习期间,由于学习成绩不太好,有一次老师当着全班同学的面,让他站在讲台前面对大家说"我是班上最笨的孩子"。这件事严重伤害了小渊洁稚嫩的心灵,他回到家中十分沮丧地向父亲讲述了这件事。令他感到意外的是,父亲听后并没有责怪他,而是对他说:"你一点儿也不笨呀,瞧你故事讲得多么好!"听到这话,小渊洁低垂的头慢慢抬了起来。后来,郑渊洁终于成为给全国小朋友带来智慧和欢乐的童话大王。

由此可见,赏识对孩子会产生多么大的影响,然而,现实生活中大多数父母却不习惯用赏识的目光看待孩子的优点,而是用挑剔的眼光去找孩子的毛病。更可怕的是,有些父母总是喜欢用别人家孩子的长处,去比较自己孩子的短处,越比较越觉得自己的孩子不如人。

父母用这种教育方法去教育孩子,注定要失败。

小剑是长沙一中的一位小学生,他委屈地说:"我从来没有当过干部,好不容易当上了小队长,心里真是美极了。回家跟妈妈说,可我妈不但没夸我几句,反而把嘴一撇说:'小队长有什么可吹的?这是中国最小的官儿!'可她哪知道,我当上小队长有多么不容易!"

他们班刚上任的中队长小罗则说:"我当上中队长,心里特高兴。回家跟妈妈一说,我妈当时就问:'大队长的候选人有你吗?'您说,我妈多不知足!"

这些妈妈太难为孩子了。其实,没必要总拿自己的孩子去和别人家的孩子比,只要自己的孩子今天比昨天有进步,就应该祝贺他。

此外,要学会赏识孩子,父母特别要注意别说孩子"笨"。辽宁省实验小学校长顾贞珍立下个规矩:教师不准说学生笨。教师又照此给父母立了个规矩:父母不能说孩子笨。

这"规矩"立得好。因为孩子自我评价能力很低,往往将父母或教师的评价作为评价自我的标准,于是,被说成"笨"的孩子就会朦胧地认为自己笨,以为自己就是榆木疙瘩。随便给孩子戴上一顶"笨"的帽子,就会压抑孩子天

第一章 父母快乐,孩子才会快乐

解放父母　解放孩子

真烂漫的性格,挫折他们的自信心,禁锢他们的思想与行动,甚至会影响他们一生的成长。

总之,只有父母变得高明,学会赏识孩子,孩子才会快乐,才会有前进的动力。所以,父母一定要学会赏识自己的孩子。

那么,作为父母,如何才能更好地赏识自己的孩子呢?以下几点建议可供参考:

一、对孩子充满子自信

每个年龄段的孩子都有一定的学习目标,父母要依据孩子的能力制订合理的目标,让孩子经过努力实现目标,培养孩子的自信心,对孩子的每一点进步要及时表扬和鼓励,并适时地提出下一阶段的目标,让孩子能感受到自己的进步。

二、尊重孩子,要运用正确的方式进行表扬与批评

孩子们都有强烈的自尊心和上进心,父母要好好的加以保护。表扬孩子时,不妨采取公开的方式,让孩子的自尊心得到满足,孩子为了得到更多的表扬,会更努力地去学习、去做父母所喜欢的事;批评孩子时,不妨单独找孩子谈,并直接告诉孩子这样做是为了尊重孩子,希望孩子理解父母的苦心,要坚决改正缺点,不要让父母失望。这样孩子会投桃报李,积极地配合父母,做父母心目中的好孩子。

三、接纳孩子的弱点和不足

"金无足赤,人无完人",要允许孩子犯错误,要给孩子改正错误的机会。对孩子的一些坏习惯要允许其有一段的改正的过程,且忌拔苗助长,操之过急,使孩子丧失信心,破罐子破摔,最后后悔莫及。

四、培养兴趣,放飞自我

要广泛培养孩子的兴趣,让孩子有许多可以自豪的"本事",充分体验成功的快乐,这样做有利于激发孩子的上进心和自信心,不断战胜困难、挑战自我。

◇ 孩子不是你的"出气筒"

有气不要撒在孩子身上，如果父母习惯了冲着孩子喊叫，那就很可能会毁掉自己的一切教育成果，对孩子喊叫是可厌和有失体面的行为。

有些父母常常用大嗓门跟孩子讲话。一个小学生在报上发表了一篇题为《爸爸的"雷声"》的作文，文中写道："别以为只有春天才会听到雷声，在我的家里常常会听到'雷声'——那就是爸爸教训我时的大嗓门。我从小就淘气，不听话，只要被爸爸知道了，他立即圆睁双眼，'隆隆'的'雷声'马上就到，震得我不敢抬头。我的眼泪就像夏日的大雨，'哗哗'下个不停，那时我最恨我的爸爸，每天最担心的也就是他的'雷声'。我常常想，要是爸爸不打'雷'了，那该多好啊！"

再来看看一位老师遇到的情况：

……事情没过多久，我又疏忽了自己应该注意的问题，又一次犯了错误。

这天早晨，我组织同学们上早自习。科代表已把作业留好了，我只是管纪律，防止那些调皮鬼捣乱。

开始，同学们挺安静，没过一会儿就乱了套：说的说，笑的笑，有的竟唱起了歌。

我生气地巡视课堂，发现说得最起劲的还是班上最调皮的学生赵东东。

于是就走过去，对着他大叫道："你别说了行不行？"

他吐了吐舌头，笑着说：

"不谦虚，不说了。"

可我一转身，他又开始了他的"演讲"，望着这混乱的局面，我只是无可奈何地叹了口气。

解放父母　解放孩子

总不能这样任其乱下去呀?焦急中我猛然想起了"杀一儆百"。

对！我虽不能"杀"他,但一定要"儆"。

于是我怒气冲冲地走过去,喝道:"赵东东！你站起来！"

他却好像没听见似的,没吭声,也没动。

我又加大了嗓门:

"你给我站起来！"他见我急了,只好慢悠悠地站了起来。

这时,一个尖声尖气的声音传入我的耳朵:

"吃黄河水长大的——管得倒宽。"我扭头一看,气得火冒三丈,说话的原来是赵东东的"好"朋友王亮——班上的体育委员。

他不紧不慢地说:"你那样训人,我们不服气。"

看到他傲慢的样子,想到他身为班干部,不但不管赵东东,反而替他说话,我更加火冒三丈,严声命令:"王亮！你也站起来！"

王亮脸朝屋顶,不理不睬。我忍无可忍地举起教鞭,给了他一下子。这一下他也火了,跳上课桌,拉开了决一雌雄的架式。

课堂上顿时安静了下来,四十多双眼睛一齐投向我俩。恰在这时,李老师来了,才算解了围。

这位老师的做法在大多数人看来或许没有什么问题:学生不听话,老师进行责罚,能有什么错呢？其实不然,再来看这样一则故事:

有一个小孩子,不知道回声是什么东西。有一次,他独自站在旷野,大声叫道:"喂！喂！"

附近小山立即反射出回声:"喂！喂！"他又叫"你是谁？"回声传来:"你是谁？"他又尖声大叫:"你是蠢材！"立刻又从山上传来"蠢材"的回声。

孩子十分愤怒,向小山骂起来,然而,小山仍旧毫不客气地回敬他。

孩子回家后对母亲诉说,母亲对他说:

"孩子呀,那是你做得不对。如果你恭恭敬敬地对它说话,它就会和和气气地对待你。"

孩子说:"我明天再去那里说些好话,听听它的回声。"

"这样做就对了,"他的母亲说,"在生活里,不论男女老幼,你对他好,他便对你好。正如以前有一个非常聪明的人所说的那样:'温柔的答话会消除愤怒。'如果我们自己粗鲁,是绝不会得到人家友善相待的。"

上文中的老师如果看了这则故事应该会有一番感慨吧。试想,当时,他如果不是把愤怒发泄在学生身上,而是平心静气地先从自己的身上找问题,主动承担责任,而不是向孩子发泄,那么,结果肯定会好很多。

其实,作为父母也应该明白这个道理,孩子犯错误是在所难免的,作为父母,应该心平气和地纠正他们的错误,而不是冲着他们大吼大叫。因为那样不但收不到良好的效果,还容易造成孩子们的逆反心理。

第一章 父母快乐,孩子才会快乐

第二章

父母应该丢掉的不健康心理

解放父母　解放孩子

◇ 丢掉补偿心理，找回平常心

在现代家庭教育中，亲子之间为何有那么多的冲突？为何亲子之间变得那样不好理解和沟通？原因是多方面的，其中之一就是不少的父母有这样一种不健康的心态：将自己往昔失去的东西，通过自己的孩子的努力来补偿、实现，把孩子当成自己生命的延续，强行要求孩子按照自己的意志生活、学习。父母越是不得志，对孩子的期望值就越高；父母越是壮志未酬，越是希望在孩子身上得到补偿，老想把自己未实现的理想让孩子去实现。

的确，鉴于现实生活中各种各样的复杂情况和原因，我们有不少父母失去的东西很多。例如，有的父母梦想很简单，但是就因为种种原因而实现不了；有的父母天赋很高，但是社会环境突然发生变化，自己的发展受到了阻碍，从此泯然众人；有的父母本有某方面的潜能，但是由于缺乏懂行人的指点和培养，错过了发展的"关键期"，最后只能是以遗憾告终……

于是，在这类父母的潜意识里，就深深地烙上了一个不容易解开的"结"，在有孩子以后，他们就总希望通过自己的孩子来实现自己在青少年时代没有实现的梦想。父母的这种心情是可以理解的，但是不一定非要让自己的孩子来实现。孩子能否实现自己的愿望，还要看孩子的条件和素质。

父母应该认识到孩子是自己的后代，但孩子也是独立的个体，他有自己独立的权利。他们的命运应该由他们自己来主宰。不要把孩子当成自己的私有财产和生命的延续，孩子有权选择自己的兴趣、爱好、专业和前途。做父母的要尊重孩子的独立性，尊重孩子自己的选择。让孩子能充分地发展，而不是被父母设计好的框子限制住。

台湾著名漫画家蔡志忠先生教育孩子的信念是——让孩子快乐地一辈子"当自己"。他认为，父母并不是孩子本身，凭什么替孩子决定前途？尤其是依从父母的意愿而不是孩子内心的想法，这根本是"本末倒置"。他认为孩子的快乐是金钱买不到的,童年也不会重来,强迫孩子学习不喜欢的项目,那份痛苦会成为孩子心灵里抹不去的阴影。对女儿的教养,蔡志忠先生采取的是顺其自然、因材施教的办法。他曾送给女儿一个这样的小故事:

有一棵小番茄秧,人们告诉它,只要努力,就可以长得很高,结的果实像西瓜一样大,味道像香瓜一样甜,并且还会像苹果一样有营养。小番茄秧很努力地吸取养分,很卖力地做体操运动。结果,它的果实仍然只是小小的番茄。最糟糕的是,现在小番茄秧不再认为自己是番茄秧,它甚至连一点儿自信心都没有了。

蔡志忠说,他只要自己的女儿快乐地成为她自己,只要能够健康地长大,别的什么都不重要。

对孩子抱有过高的期望,强迫他实现自己力所不能及的目标,不仅会让孩子感觉到迷失,更会戕害他们的心灵,这实在是大错特错。

父母不要把自己的愿望强加在孩子身上,而是要尊重孩子的独立权,留一个自由的空间给孩子,让孩子按照自己的兴趣自由成长。

兴趣是开启事业成功之门的钥匙,每个人都愿意做自己感兴趣的事,因为这能把潜能发挥得淋漓尽致。如果父母坚决反对孩子的选择,非要孩子按照自己的意志生活,那么孩子就容易产生逆反心理,公开与父母对抗,即使孩子勉强顺从了,也会消极应付。此时,孩子的激情和创造力都会受到抑制,客观上也会影响他们将来的人生。

我们不妨想一想,古今中外成大事、立大业者,有几个人是由父母安排的? 马寅初的父亲给马寅初安排的前途是当账房先生,而马寅初选择的道路则是离开家乡,到上海、天津,再到美国求学,拿回耶鲁大学经济学博士学位,后来成为著名的经济学家。而像这样的例子在历史上比比皆是。

因此,请父母们善待孩子,尤其要善待那些为了获得父母的爱而不断努力却又不能一下子甚至始终不能圆父母"望子成龙"之梦的孩子。每个孩子都是一个独立的个体,他们有自己的尊严和人格,应有一定的自主性,而不再是父母生命的延续,不必由父母设计他们的生活,他们也没有必要去实现那些连父母自己年轻时都没有实现的愿望和梦想。

解放父母　解放孩子

◇谨防内疚悔恨心理被孩子学习和利用

内疚悔恨心理是为人父母的一种正常心理状态。经济问题、工作问题、婚姻问题、生活问题等等都可能导致父母产生内疚悔恨心理，比如，没有足够的物质基础给孩子一个良好的学习环境，忙于工作却疏于照顾孩子，与爱人闹矛盾波及孩子……。这本没有什么不正常的，也是无法避免的一种心理状态，但是父母应该谨慎，小心自己的这种心态被孩子利用。

如果一个孩子意识到，父母在他不高兴时便感到无能为力，会因没有当好父母而感到内疚悔恨，那么孩子会常常利用父母这种心理来控制他们。只要在超级市场上哭闹一场，就能得到想要的东西。"小明的爸爸就给他买了。"因此，小明的爸爸是个好爸爸，而你就不是。"你并不爱我。假如你爱我的话，你就不会这样对待我。"孩子最绝的一招是"我肯定不是你们生的，一定是你们抱来的。我的亲生父母是不会这样待我的。"所有这些话都含有一个相同的信息：你们作为父母，以这种方式对待我——你们的孩子，实在应该感到羞愧。

此外，在一些情况下，由父母的内疚悔恨心理所导致的对孩子的补偿还会给孩子造成巨大的压力，来看一则真实事例：

一个晚春的午后，太阳还懒懒的趴在云里睡觉，微风暖暖的吹着，世界上看不出来一丝一毫的不和谐。突然，一阵大声的敲门声打破了寂静，李医生的门诊室里进来一对五十多岁的夫妻，然后映入眼帘的是一个走路看起来有点跛的女孩。

李医生仔细观察这个女孩，她的眉宇里透着与年龄不相符的成熟，甚至还有一种慈悲，而像是她父母模样的那对夫妻则表现出焦躁不安的神情。

李医生把他们三个人让到沙发上，不等发问，那位父亲就开始说话了，他用重重的口音含糊地说:"医生,我的娃从小就有病,现在长大些了,却不愿意配合治疗了,这可咋办呢?"

出于职业嗅觉,李医生没有太过于注意父亲讲话的内容,而是在观察他们一家三口的位置和姿态。这个女孩很显然坐的离母亲更近些,从她天真的歪着头的姿态来看,看不出来她和其他孩子有什么异样。随着父亲的话语声响起又落下,她开始微微的皱眉,咬住了下嘴唇。

在得知这个女孩的名字叫小奇后,李医生微笑着问道:"小奇,你为什么不配合治疗了?"

小奇迟疑的看了看李医生,小声说:"就是不想治了。"

李医生追问:"那是为什么呢?"

小奇低下头,摆弄着衣角,不说话。

这时候小奇妈妈突然哭泣起来,李医生递给她面巾纸,她开始大把大把的擦眼泪,过了一会儿,她带着微微的哭腔说:"都是我们不好,娃身体不好,走路不行,都是我们没给看好,现在娃不愿意治了,要是她有个三长两短,我也活不下去了!"说着又抽泣起来。

小奇为什么不愿配合治疗?这可真是一个谜。李医生心里非常好奇,于是又问小奇:"你看到爸爸妈妈这么难受,你心里有什么感受?"

小奇歪着头想了想,说:"我不愿意让他们这么难受。"

李医生隐隐约约的听出一点来了,这孩子不想让大人着急,希望能够安抚父母,可是父母正忙着为孩子担心,忽略了孩子的表达。

于是李医生说:"小奇,你现在想要为你爸妈做些什么吗?"

小奇想了想,说:"我希望爸妈不要再为我难过,我都这么大了,我自己的事情自己会安排好。他们总带给我很大压力。"

看起来,小奇不愿继续治疗,也是在帮助父母,想让父母不再那么难受,她天真的以为,自己不治了,父母自然就会少很多麻烦,却不能理解父母内心那种愧疚。

这时候,小奇妈妈说出了一件藏在心底的往事。她擦擦眼泪,说:"其实小奇不是我们第一个娃,她上面有个哥哥,三岁时没看好触电死掉了。我们这才生了小奇,没想到又有病,我们的心疼啊!我们造了什么孽,让孩子们都这样不幸?"

解放父母 解放孩子

原来,造成小奇家庭问题的原因正是父母对孩子的内疚感,包括对小奇的,也包括对小奇夭折的哥哥的。小奇不仅在承担着自己的病痛,以及父母对她内疚,还承担着死去的哥哥给父母带来的自责,怪不得她压力很大。其实,小奇父母并没有处理好他们对小奇哥哥夭折的内疚,又把这种内疚加倍的补偿给小奇,这既是一种爱,也是一种巨大的负担。

从这个真实的事例我们不难看出,在一些特殊情况下,尤其是对于那些经历过不幸或挫折的家庭来说,由父母的内疚悔恨所导致的对孩子的补偿行为,不但不会给孩子带来快乐和满足,还会给他的心理造成巨大的负担。

此外,孩子通过观察成年人利用悔恨心理来达到自己的目的,因而也就能学会这种导致悔恨心理的行为。要知道内疚悔恨并不是人的天性,而是人们逐步学会的一种感情反应。只有在你告诉别人自己能够作出这种反应时,人家才能够利用你的这种心理。孩子们往往可以发现你是否具有内疚悔恨的心理。如果他们总是提到你所做或未做的事情,并期望因此达到自己的某种目的,那么他们就学会了引起内疚悔恨心理的办法。如果你的孩子采用了这些手法,他们一定是从什么地方学来的,而且很可能是从你那里学来的。

◇ 虚荣心:为了孩子还是为了你自己?

现在有一些父母把子女的学习成绩、事业和婚姻作为一种互相争面子的工具。孩子考试没考好,他们觉得丢了面子,于是对孩子责骂甚至体罚;孩子没考上大学,他们认为孩子没出息,于是冷眼相待;孩子有了点儿成绩或考上了大学,他们添石光彩,于是到处炫耀,把孩子的一切和自己的荣誉连在了一起。把考高分的孩子当成往自己脸上贴金的招牌,把有缺点的孩子看成是自己的耻辱,把有特长的孩子当成自己的摇钱树,这是为什么呢?

是虚荣!是对孩子的不负责任。

父母的虚荣心除了能给自己一点面子外,能给孩子带来什么呢?或许有

很多父母还固执地认为，自己虽然有虚荣心，但毕竟也是为了孩子好啊！殊不知，这是大错特错的，正如一位名人所言："虚荣心很难说是一种恶行，然而一切恶行都围绕虚荣心而生，都不过是满足虚荣心的手段。"

为了能增强说服力，我们来看几则因为父母的虚荣心而引起的悲剧：

事例一：一位单身母亲，为了光宗耀祖，不顾女儿的强烈反对，毅然将刚刚考上大学的女儿送往英国留学。从小娇生惯养、没有任何生活能力的女儿难耐异国他乡的孤苦，一味地抵触母亲，最终竟采用了报复的手段——和一位小她几岁的男孩恋爱同居，最终导致怀孕。最后为了筹集回国做人流的经费，她竟和男孩在国外策划制造了一起"夺命劫财"的惊天大案。这个女孩在被判处死刑前，对律师说，"如果不是我妈当初逼着我去留学，我就不可能有今天的结局，我恨死她了……"

事例二：沈阳母亲于静芬听信了留学中介天花乱坠的吹捧，把国外当成了没有任何压力的"天堂"，毅然以陪读的身份和上中学的女儿共赴新加坡。谁知道，幼小的女儿根本无法适应新加坡的英语教学，渐生厌学心理。而于静芬也没有像当初中介承诺的那样找到合适的工作，每天不但要在恶劣的环境中连续工作十个小时，而且根本无法照顾女儿。

事例三：在我国偏远地区有一个女生，学习特别好，人称"三脑袋"，物理、数学、化学都能考满分，被列为全国的保送生。可她的父母非让她报考全国顶尖大学不可，她不想去，父母逼着她去，让她为祖宗增光。她违心地去了那所大学。在入学后的考试中，她的成绩仅为第18名。这样的结果让她这位当地的"状元"哪能承受得了！妈妈在学校陪了她一个月，妈妈刚走，她就跳楼自杀了。妈妈闻讯赶回学校，哭干了眼泪，一声一声地喊着："是我害了我的女儿！我当初不逼她，也不至于到这个地步啊！"

很多父母把孩子当成工具，为了自己一点可怜的虚荣心，一味地要求、强迫孩子按自己的意愿去行事。殊不知，如此不尊重孩子的行为会对孩子心灵造成一种严重的摧残。

作为父母，我们应该始终记得自己的角色：孩子的生命是为了本身的目的而存在，父母只是陪着孩子走一段路程而已。所以，父母应该丢掉虚荣心，

解放父母 解放孩子

努力地去做孩子的知心朋友,陪孩子走一程。而不是喧宾夺主,把"陪"变成了"替",把"配角"当成了"主角"。

◇ 摈弃固执心理,不要跟孩子较劲

处在青春期的孩子,随着年纪的增长,各种问题也会接踵而至。这时,他们有了自己的想法,不再什么都听父母的,有时甚至顶撞父母,喜欢和父母对着干,你让他朝东,他偏偏朝西;你让他干这,他偏偏干那。这时,父母们困惑极了:曾经那么熟悉的孩子为什么会变成这样。

其实,这种现象并不奇怪,就像宇宙的行星相互碰撞会发生强烈的爆炸,青春期遭遇更年期也难免会产生冲突。

在孩子的这个阶段来临之时,作为父母,千万不要固执于自己的权威,如果你想通过高高在上的"权威"来迫使孩子听话,那么,十有八九会使孩子的叛逆心理更加增强。

江苏镇江市王伊雯同学,曾经给"知心姐姐"杂志社寄来一封她写给爸爸的信。信中,她把与父母之间的"对抗"描绘得活灵活现:

记得有一次吃晚饭的时候,我滔滔不绝地对您(指爸爸)说,一个歌星唱的歌挺好听的,我很爱听。可是我刚说完,您就发火了,一拍桌子吼道:"不把心思用在学习上,专做这种无聊的'追星族'!你有没有出息啊!"

倔强的性格让我喊了一句:"我爱听歌,并不代表我就是'追星族'!我是'追星族',也不代表我就没出息。您什么意思啊?总把我想得那么差!"

您听了,真火了,拿起筷子顺手打了我一下,我委屈地哭了。说实在的,我不是"追星族",我真的很委屈。可我知道这时候越向您解释,您就打我打得越凶,所以,我干脆不解释了,把委屈埋在心里。

还有一次,您提着两个包回来,一个拎进了房间,一个放在电视机旁。我

好奇地跑去翻开看,原来是一张碟片。您见我翻东西,便打了我两下,然后横眉竖眼地教训我:"告诉过你多少遍了,别碰大人的东西!!"

我反驳说:"我又不知道这是什么东西。"

"你不知道的东西还多着呢!"您越发的凶了。

"对抗"就这样发生了!倔强的孩子与固执的父母各执一辞,完全不去考虑对方的想法,只想改变对方,不愿改变自己。

其实,在这种情形下,这位父亲只要放下无谓的固执,不要迷信于自己的权威,暂时放下家长的架子,用开放的心胸去对待孩子的坚持,以平等的身份去取得孩子的理解,那么,情况一定会好很多。

有这样一位家长在这方面堪称楷模。她有一个15岁的女儿,她和女儿平时的沟通都是以平等为前提的,有时候因意见分歧有所争执,她不会固执地坚持自己的看法,而是先想办法平息争执,让双方都有一个冷静思考的时间和空间,若事后想想是自己不对,错误地批评了女儿,便会主动向女儿承认错误。另一方面,女儿提出自己的要求时,她从不会不经思索地拒绝。即使是非常荒谬的要求,也会再慎重考虑之后,把它"当作一回事"的给予响应与讨论,找出充分的理由,女儿明白错在何处。不仅如此,这位家长还在许多事情上都征求女儿的意见,即使女儿提出的意见和她相反,她也会认真倾听并与她讨论。

这位家长的做法值得那些还在固执于自己权威身份的父母好好学习,在对孩子的教育过程中,父母必须摒弃自己的固执心态,不要和孩子较劲,只有这样才能和孩子取得良好沟通,也才能更好地认识自己的孩子。

第二章 父母应该丢掉的不健康心理

解放父母　解放孩子

◇学会示弱，在孩子面前不需要太要强

父母一定要学会在孩子面前示弱！这是让孩子健康成长的法宝之一。当孩子面对一个在他眼里无所不能的人的时候，他只有两个选择，一个是学习这个无所不能的人，追求完美，不能容忍自己有丝毫缺点；另外一个选择就是什么都不做，因为这个能人什么都能做！这样，孩子就会失去成长的动力，对父母的依赖性会更加强烈，这样的孩子长大后会有许多障碍无法跨越。

相反，如果父母能够在孩子们面前有那么一点的不完美，有那么一点软弱，孩子们就有机会变得宽容，变得坚强，成长为一个能够为家庭挡风遮雨、有责任的人！

小谢是一个大大咧咧的母亲，常常会将许多一般人认为不适宜让孩子做的事情交给年仅9岁的儿子去做。譬如说，小莉会告诉儿子：妈妈这两天很想听谢娜的那首《菠萝菠萝蜜》，你写完作业后，帮我们下载好吗？我们不会弄。儿子积极性非常高，忙着找网站，没过多久，便将父母要的歌曲下载好了。

小谢带儿子上街，儿子要去肯德基。小谢会为难地说，儿子，这个月妈妈给了奶奶、姥姥零用钱，咱家剩余的钱不太多了，肯德基吃一顿很贵……话音未落，儿子便说：那我们自己买瓶可乐，回家后妈妈再烧两个菜，好吃又便宜，还是回家吃饭吧。

旁人看小谢带孩子，都觉得她很轻松，孩子也懂事乖巧。

小谢说，其实并非我们不会下载，而是想通过这种示弱，让孩子成长起来，一来提高动手能力，二来也分散他一味地去追逐游戏乐趣的注意力，还可以让他养成节俭持家的能力，培养他对家庭的责任心。

而对小谢的儿子来说,能够帮爸爸妈妈的忙,做他们不会做的事,或是帮他们分忧,会有一种很强的成就感。

平等地对待孩子,尊重孩子,甚至偶尔示弱,让孩子做一回强者,感受成功,学会换位思考。在压力面前,孩子的潜能将发掘得更快。所以说,父母有时不妨学会做孩子伞下的一株小草,而让孩子为你遮风挡雨,这样的孩子长大才会坚强。

◇苛求完美——孩子不能承受之重

先来看这样一则小故事:

从前,一个国王让他手下的一位神箭手射箭,他对神箭手说:我这儿有三枝箭,只要你每根箭射中十环,你就会得到100两金子,可是你如果有一箭射不中十环,那你就得死。于是这个箭手怀着又激动又恐惧的心情,射出了前两枝箭,而且都射中了。可是当他射出第三枝箭的时候,却恰恰远离了箭耙。神箭手死了。

这个故事向我们揭示了这样两个道理:
其一、强迫、诱惑都会使人偏离心灵成长的轨迹。
其二、完美开始不一定有完美的结局。
现实生活中,有许多父母同上面这位国王类似,对待孩子,他们努力给孩子最好的教育,从孩子还在娘胎里便设计出孩子将来的完美之路,而且付诸行动,让胎儿听音乐,让胎儿倾听大自然的声音,让胎儿倾听美文,既所谓的胎教。孩子出生后,从幼儿到童年,父母便已经为孩子构筑了最美好的蓝图:刚牙牙学语时,就让孩子背诵唐诗宋词,就让孩子学西文;稍大点,刚能进幼儿园,就让孩子学有所专,或绘画,或练琴,或舞蹈,或下棋,或书法……

解放父母 解放孩子

条件好的或期望值高的父母,让小小的孩子琴棋书画样样都来。上小学后,为孩子加小灶,功课必须得好,一技之长不能丢,还得学门外语,还得精于奥数,带着孩子东奔名师西奔考级。父母矢志不渝,孩子疲于奔命。

不可否认,在父母完美苛求中成长的孩子,往往做事认真,成绩超人,是父母和老师的骄傲。但是,进入青春期后,长期形成的完美习惯就会变本加厉,导致强迫症。有的孩子做作业稍有涂改,就全部撕掉重做;做题速度越来越慢,一遍又一遍地反复检查,甚至考试时做不完题目;更有甚者,因走在路上反复数脚下的地砖而经常上学迟到。

青春期的孩子不仅是生理上的发育阶段,也是心理上的转折阶段。随着青少年自我意识的发展,一些少男少女开始变得对自己不满意了,无论身材、长相,还是学识能力,他们总觉得自己不如别人,希望能通过努力使自己在方方面面都变得更好、更完美。而父母完美主义的教育,更加促使孩子产生不现实的苛求完美的心理,使孩子对自我的价值心存疑惑,无论做得多么好,他们都不相信自己,这种认知习惯一旦固定下来,就会形成恶性循环,最终导致一种强迫性人格的形成。

◇ 当关爱变成溺爱……

"关爱"是如何转化为"溺爱"的?"知心姐姐"卢勤对此曾有过精彩的表述:

"由于我们只拥有一个孩子,许多年轻妈妈产生了惧怕心理:生了男孩怕学坏,生了女孩怕受害。

年轻妈妈就像老母鸡一样,把孩子呵护在自己的翅膀下,整天提心吊胆,不敢离开半步,生怕失去自己唯一的'宝贝'。不知不觉,步入了教育的误区。

于是,母爱变成了三点水加一个"弱"字的"溺"爱,母爱变成了'母害'。

父母的爱总是仁慈的,但是仁慈的心要用得恰到好处,如果让爱泛滥,结果只会适得其反。伟大的心理学家阿德勒博士在其个性心理学畅销书《自卑与超越》中讲到:有三种儿童成年后,常常是生活中的失败者——有器官缺陷的,被忽视的,被宠坏的。特别是被宠坏的孩子,很可能成为社会中最危险的一群。

有这样一位父亲,他与妻子把所有的爱都给了独生儿子。但儿子却很自私,对父母那种无私的爱丝毫不懂得感恩,也没有想过要关心父母:好饭菜要独吃、先吃;衣服鞋帽要父母帮着穿、脱;只知道伸手向父母要这要那,当父母生病时,却不闻不问。

有一位母亲,为了儿子,为了丈夫,放弃自己不错的工作,整天在家相夫教子。她每天都不辞辛苦地骑车送儿子上学,打零工赚钱供丈夫攻读学位。丈夫毕业后,功成名就有了钱,却抛弃了妻子,还带走了儿子。儿子跟着有钱的爸爸,进了贵族学校读书,却很少想到曾经为他付出很多的母亲。

当这位妈妈想儿子时,特意买了一件新衣服到学校去看儿子,儿子却嫌弃母亲穿得太"土"给他丢脸,告诉同学这是他的"老乡"。后来,儿子竟提出了一个无理的要求:让母亲做他的"地下妈妈",否则就不认她这个妈!这位母亲痛不欲生。她不明白,为什么天下会有这样无情无义的孩子?自己究竟做错了什么,怎么用十几年的爱换不到儿子的一丝感恩,却得到这种冷酷无情的回报?

可怜天下父母心。这两件事其实是说的是一个道理,爱孩子也应该有个度。如果关爱变成了"溺爱",可能就会事与愿违了。溺爱带给孩子的不仅是懦弱和无能,还有自私与虚荣。

事实上,不仅如此,过分的溺爱有时后甚至会让孩子将生命当成玩具!

五岁的小光是一个任性、放纵、骄横的独生子,由于父母、姥姥的娇惯,在家里像个"小皇帝",想干什么就干什么,谁也阻挡不了。一天,他用一根尼

解放父母 解放孩子

龙绳子拴住家里的猫玩,谁知拴得不牢,猫逃走了。他玩兴未尽,要把绳子套在姥姥脖子上玩,70多岁的姥姥让他拴脚,可小光不同意,非得套在脖子上。老太太对外孙一向溺爱,迁就放任,百依百顺,这时见小外孙哭闹起来,心疼了,便同意让小光把绳子套在自己的脖子上。谁知小光打的是个活结,绳子一拉,便紧紧勒住姥姥的脖子。老太太一时感到气闷难忍,便挣扎起来,从炕上滚到地上。小光见姥姥挣扎,越发觉得好玩,更使劲拽住绳子不放,直到老太太不动弹了,他才松手扔下绳子出屋外玩去了。小光的妈妈回来,一摸老母亲的心脏,已经停止了跳动。

这样的教训可谓惨痛,所有的父母都应该牢牢记住:溺爱并不是爱孩子,而是把孩子往火坑里推。上面这个例子中酿成苦果的原因就在于父母及亲人超过限度的溺爱。父母一味地慷慨给予,溺爱孩子,而不教会孩子如何理解爱与培养孩子对其他人的爱。被溺爱的孩子很难遵守规矩和自我约束,他们以自我为中心,凡事只会想到自己,自私自利,会认为规矩都是为别人制定的,与他们无关。长久下去,就会造成孩子自私、冷漠、任性、放纵等不良个性。

什么是爱,什么是害?我们每一位爱自己的孩子、爱自己祖国的年轻父母,都应该认真想一想,千万别把自己对孩子的关爱"升华"为溺爱。

第三章

不要以"爱"的方式毁掉孩子

解放父母　解放孩子

◇ 爱不仅仅是一种情感

爱是一种尊重，爱是一种信任，爱是一种鞭策，爱也是一种情感的激发的方式与过程，爱更是一种能触及灵魂、动人心魄的教育过程。有位教育家说过，教育的真谛就在一个"爱"字。如果一种教育未能触动人的灵魂，无法引起人的共鸣，不足以震撼人的情感，那就不是成功的教育。

家庭教育是父母和孩子之间的心灵沟通。对孩子仅仅有父母自以为是的"爱的情感"并不是最理想的家庭教育。爱更应该体现日常的行为细节中。诸如给孩子以爱的目光、抚摸、关怀与安慰等等。

就拿爱的目光来说吧，它对孩子的成长有着巨大的鼓舞作用，可以说是孩子成长的营养源。

93岁高龄的日本小儿科医生内藤寿七郎先生，也是一位著名的教育家。爱哭闹的孩子只要一见到内藤博士就会停止哭泣。

有一天，一位妈妈带着两岁男孩前来找内藤先生看病。妈妈说，一升装的牛奶，这孩子一口气就能喝光。因为喝牛奶超量患了牛奶癣，皮肤刺痒睡不着觉，举止焦躁不安。

内藤先生不慌不忙地将白大褂脱下，然后跪在那个男孩面前，看着对方的眼睛。

"你喜欢喝牛奶吗？"内藤先生温和地问道。

男孩点点头。

内藤先生仍然目不转睛地看着他说："如果不让你喝你特别喜欢喝的牛奶，你能忍得住吗？"

男孩显出一副烦躁和不满的神色，并且把脸扭向一边。

内藤先生并不气馁。他跟着转到孩子面前蹲下身子说："你可以不喝牛奶的,是吗?"不管男孩怎样不耐烦,拒绝回答,内藤先生的目光一直充满着信赖,口气也十分诚恳。

终于,男孩轻轻地点了点头。

奇迹发生了。男孩回家后不喝牛奶了,湿疹症状很快消失。一年半以后,他的母亲认为可以少喝点儿牛奶了,可男孩说:"大夫说能喝我才喝。"母亲只好请内藤先生来帮忙。

这一次,内藤先生仍然是看着男孩的眼睛,微笑着说:"你现在可以放心地喝牛奶了。"从那天起,男孩真的又开始喝牛奶了。

内藤先生通过这件事总结出:哪怕是才两岁的孩子,只要他明白了道理,就能控制自己。于是,他提出了一个响亮的口号:"爱的目光足够吗?"这个口号提出至今已经半个多世纪了,现在听起来仍然觉得十分亲切。因为,今天的孩子同样强烈地渴望着爱的目光!

所以说,父母不能单纯的把对孩子的爱当成一种情感,更不能以这种情感为凭据,抱着"我做什么都是为了孩子"、"这样做是因为我爱我的孩子"等等借口,变相地撕碎孩子的尊严,刺伤孩子心灵。

孩子需要严父严母,更需要慈祥、宽容和尊重,父母的爱应有"好心",但更要有一个好结果。父母的任何言行,即使出发点是对孩子的爱,也要考虑未成年人的心理特征和行为水平,更要考虑孩子们的想法和感受。

第三章 不要以『爱』的方式毁掉孩子

解放父母 解放孩子

◇ 别不在乎孩子的爱

生活中有些东西不必在乎,可有些东西不能不在乎,那就是孩子对你的爱。

先来看一位妈妈深情诉说:

前不久,我由于生病做了一个小手术,失血过多而导致贫血。因此身体特别的虚弱,自己虽然在家养病,但没有力气给孩子做饭。那段时间,可辛苦老公了。他既要按时上班,又要抽空照顾我,还要给孩子做饭。有时,因为工作的原因,老公是不能按时回家的,可我身体那时是不允许乱动的,一动头就晕,有点天旋地转的感觉。因此,我除了等丈夫回来再没有别的办法了。

可有好几次,我等不着丈夫,却把孩子等回来了。孩子见我满脸的忧郁,就安慰我说:"爸爸工作忙,你别埋怨爸爸,我会做饭,等我放学回家做饭就好了。"多懂事的孩子。听孩子这么一说,自己还有什么话可说呢?心里再有不满,也不能在孩子面前呈现了。只好让孩子自己做饭了。

让我没有想到的是,两个孩子,一个摘菜,洗菜,一个切菜,炒菜……我看着他们在厨房忙活,心里有说不出的高兴,似乎自己的病都好了。他们知道我需要补血,就给我做了好几样补血的菜。我怕影响他们的功课;怕耽误他们的学习时间;怕他们上学迟到……让他们少做些菜,可孩子就是不听话,还是照做不误。

记得有一次,老二晚上可能是累了,没有背英语单词就休息了。第二天,老师听写单词,他错了好几个,因此老师罚他抄写10遍,所以中午放学时间他不能回家。只好让老大买了几包方便面回家来给我做,(他们怕老公因工作忙回不了家,怕我因此而埋怨丈夫。)孩子一边做饭一边给我说:"妈妈,今天我1点就得去学校,我给咱们煮方便面,里面煮两个鸡蛋……"吃完饭以后,我怕孩子着急,不让他洗碗筷,说让老公回家再洗,可孩子"不听话",还是洗了才去的学校。

虽然在我病时,孩子只做了三顿饭。可我的脑海里时常显现出孩子做饭时的情景。

孩子为父母做一顿饭,在有些父母看来没有什么大不了的,但这些父母应该知道这毕竟是孩子的一颗爱心!这颗爱心是稚嫩的,你在乎它,它就会长大;你忽视它,它就会枯萎;你打击它,它就会死去。如果你想拥有一个爱你的孩子,你一定要在乎孩子的爱、呵护它,精心地培育它。

然而,遗憾的是,在现实生活中有些父母只知道为孩子奉献爱,对孩子给予自己的爱却视而不见。他们平日里只关注孩子的学习和生活,对孩子付出了许多,却从不想到要孩子回报,这其实是忽视了对孩子的情感教育。其实,父母在对孩子付出的同时,也应该教会孩子学会感恩,知道回报。要让孩子从父母身上学会人不仅要对他人有付出,在别人对你付出的同时也应该回报别人,而不是只知道享受别人的付出,自己没有回报的能力。如果长时间让孩子只知道一味从别人身上索取,而不知道感恩和回报,那对孩子的健康成长是极为不利的,长久下去,孩子对父母的付出会变得习以为常,认为那是天经地义的事,而不会想到要去回报父母和他人。

事实上,孩子对父母的爱决不会比父母对他们的爱少,只是孩子的爱常常表现在细微之处,需要父母用心去发现,孩子的这种爱或许不像100分那么现实,但却是人生路上的丰碑,是父母在付出以后最殷实的收获。

爱是一个大口袋,装进去的是满足感,拿出来的是成就感、幸福感,一味向孩子施爱,孩子们并不觉得甜,更不懂得珍惜,一旦我们父母学会接受孩子们的爱,孩子们的价值得到体现,才会产生无比的快乐!

父母们,接受孩子的爱吧,因为对于孩子来说,施比受更幸福。

解放父母　解放孩子

◇没有尊重的爱是一种伤害

美国人杰克·甘菲德在他的作品中讲过这样一个故事：

我隔壁邻居大卫有个7岁的儿子叫克里。一天大卫教克里如何在花园草坪上使用割草机除草。当他正教儿子在草坪的尽头如何转弯时，他的妻子简叫他过去问事情。当大卫去回答简时，克里推着割草机，穿过草坪，一直到花坛……花坛上留下了一条两尺宽凹槽。

当大卫回来看到发生的一切后，他禁不住气恼。大卫花了很多时间和精力照养花坛，邻居都很羡慕他这个漂亮的花坛。当他正准备对儿子发泄怒气时，简很快走到他身边，把她的手放在大卫肩膀上，对他说："大卫，请记住——我们在养小孩，不是养花。"

孩子和花，孰轻孰重？这是一个不言而喻的问题，花朵被剪掉了还可以再长，花坛坏了还可以再修，而童贞心灵一旦受到伤害，就可能一生都无法痊愈。

为了花或者为了某些东西而伤害孩子，本末倒置的事情我们的父母又做过多少呢？

对于父母来说，尊重孩子似乎是一件很难做到的事情。

毫无疑问，每一位父母都深爱自己的孩子，但有多少父母真正的尊重孩子呢？很多父母在以爱的名义行使着自己享有的权利时，往往就容易忘记孩子的权利。所以，父母在给孩子表达关爱的时候，要特别注意尊重孩子，没有尊重的爱是一种伤害。

中国著名青少年教育专家孙云晓曾在他的一部作品中记载过这么一件令人深思的悲剧：

在一位年轻朋友的生日晚会上,我见到了高一女生秋儿。热情大方、漂亮出众、多才多艺,这是我对她的第一印象。据说,她已获得钢琴六级,擅长舞蹈,歌唱得不错并会作曲。当我们稍微熟悉一些后,我请她展示才艺。秋儿毫无拘谨之感,先跳了一段自编的现代舞,又弹奏起贝多芬的钢琴曲《致艾丽斯》。一切一切都是那么完美。

然而,一年之后,最让人料想不到的事情发生了:秋儿自杀了!应她父母的邀请,我出席了这个美丽少女的遗体告别仪式。曾经活力四射的女孩,此刻静静地躺在太平间里,杏黄色上衣与紫红的背带裤表现出她最后的明艳。在她的枕边,放着她喜欢的文学书籍和再也不能飞舞的芭蕾鞋。

我泪流满面,悲愤无语,心里一千遍一万遍地问:为什么?究竟是为什么?不久我即与朋友合写了近万字的报告文学《生命的追问》。

原来,多才多艺的秋儿文化课却是弱项。按照她的愿望,初中毕业后报考幼儿师范,将来当个幼儿教师,一辈子吹拉弹唱岂不快乐?可父母不同意,非让女儿进入一所重点中学,为考大学一搏。父母的心愿是可以理解的,但秋儿却走进了人生的"滑铁卢"。高二会考两门不及格,意味着她高考受阻,喜欢她的一位男生也抛弃了她。一时间,秋儿的世界崩溃了,而果决的性格又不容她三思,于是,她走上了不归路。在秋儿的遗体告别仪式上,几个同学对我说:其实,凭秋儿的任何一项特长,都可以过上快乐的生活,她却偏偏败在自己的弱项上,这都是她父母逼的。

可怜天下父母心,我们不能说秋儿父母的做法是完全错误的,试问,世界上又有哪一位父母不渴望孩子成才?问题在于父母们是否想过,天下又有哪一个孩子不希望自己进步呢?哪个孩子不盼望得到父母的欢心呢?却不知为何,总有一股强大的力量,让他们身不由己,就像一座座大山挡在面前,弱小的他们只能望山叹息却无法翻越,这座大山实际上就是父母对孩子的不尊重。孩子的兴趣与爱好是他美丽人生的幼芽,是他灿烂梦想的尝试,剥夺了他的这种权利是很残忍的,也是很愚蠢的,即使他的兴趣与爱好很可笑,父母也应当尊重。

有句话说得好:"教育不能没有爱,没有爱就没有教育。"而尊重孩子是教育和爱的前提。父母尊重孩子、并引导孩子珍惜自己的权利时,真正有益

第三章 不要以『爱』的方式毁掉孩子

解放父母 解放孩子

的教育才开始。在尊重孩子的基础上去教育孩子,关爱孩子,才能正确处理孩子的错误,赢得孩子的爱戴。

世界著名教育家马卡连柯曾说过:"我的基本原则永远是尽量多地要求一个人,同时也要尽可能多地尊重一个人。"这句名言值得我们的父母永远记取和反思。

◇过高的期望会毁掉孩子

"扬扬,把电视关了,跟我到书房来,你看爸爸帮你买了一套小百科,内容很不错哟!快来看。"

爸爸一下班回来,就催着正在看电视的扬扬,一边喊一边进书房去了。电视里的金刚战士和大坏蛋正打得难分难解了,扬扬根本没听到爸爸的话。

三分钟之后,爸爸从书房出来,"啪!"的一声把电视关了。

"爸爸,你怎么这样啊!"扬扬真是快气疯了,本来他想冲到前面去打开电视,可是一抬头看到爸爸那张脸,他知道大事又不妙了。

"爸爸专程跑到书店去帮你买了一套小百科,大老远地扛回来,你连看都不看,就只会看卡通,卡通有什么好看?看卡通以后考试会考 100 分吗?"

爸爸越说越生气:"爸爸以前小时候都没有这些书可以看,你真是身在福中不知福,我希望你将来比我好,所以……"

哇!好惨,爸爸又开始了,5 岁的扬扬虽然不能完全听懂爸爸的话,像爸爸常说的"100 分"是什么东西?"身在福中不知福"又是什么意思?听起来好像绕口令。还有,爸爸为什么老是说要我比他好?如果我比他好,是不是换我当爸爸呢?不过可以确定的是,他从爸爸说话的语气和表情就知道爸爸在生气。

以前爸爸一生气,扬扬就很害怕,现在看多了就不怎么怕了。可是,他很不喜欢爸爸常买一些他看不懂或是他觉得不好看的书，因为爸爸只陪他看一会儿，就叫他自己看，他实在不知道那些书有什么好看的，还不如金刚战士、超人来得精彩。但如果不看，爸爸又会生气，只好偶尔去翻一翻，让爸爸高兴，还好爸爸很忙，没有太多时间管他，不然——日子可就难过了！

望子成龙，望女成凤。毫无疑问，绝大多数父母都期望自己的孩子能够学到更多的东西，能够在将来出人头地。这本身无可厚非。

期望是一种有信心的等待，父母对孩子寄予期望，是一种信任，有利于孩子增强自信心、进取心，是进步的动力。同时，如果孩子也对父母爱戴，愿意以实际行动取悦于父母，让父母满意，这就会促使孩子自觉地经常地将自己的实际表现同父母的期望联系在一起，并努力达到平衡。

父母对孩子抱有期望，就不会放纵孩子或袖手旁观，就会努力为孩子创造条件，及时督促，具体帮助，加强指导，不断激发孩子的上进心。父母的期望是一种积极的态度，对孩子来说是一种促使孩子努力向上的精神环境，是潜在的动力。而对孩子不抱有任何期望，是一种不负责任的态度，客观上对孩子起着压抑的作用，这是不可取的。

但是，父母应该明白，如果对孩子期望过高，以至脱离孩子的实际，就不仅不会起到积极作用，反而很可能会毁掉孩子。原因在于父母对孩子的期望太高，会造成孩子很大的心理压力，有的孩子会拼命地遵照父母的期待去努力，也许真的能使父母如愿，可是父母的期待会愈来愈高，孩子只有愈追愈辛苦了；另一种孩子不管怎么努力都做不到父母的要求，干脆放弃算了，最后和父母的期待相去太远了，当然亲子间的关系也就很难维持了；还有一种孩子其实他可以做得到，但是因为父母的态度令他产生反感，他会为反对而反对，故意不依父母期待的方向去走，这实在是可惜而又可叹。

父母希望孩子过得好，希望孩子幸福、富足和成功并不是错，但是标准要依孩子的实际情况而定，超过孩子能力范围太多的，使得孩子一生都在追求那个可望不可及的目标，让彼此都过得很痛苦，就实在是太可怜了。

逼子成龙，龙就会变成虫。正像法国诗人海涅所言："即使种下的是龙种，收获的也可能是跳蚤。"所以说，父母千万不能脱离孩子的实际，人为地给孩子施加强大的压力。

解放父母　解放孩子

◇陪读"陪"掉的是什么?

今天你陪读了吗?

在小学低年级家长中,这是一句流行语。

观察一下我们的周边,"陪读"现象已蔚然成风。从幼儿园、小学,直到中学、大学,父母"陪读"已经成为一种见怪不怪的社会现象。据中国社科院教育研究所的一项统计显示,我国约有36.8%的家庭存在父母"陪读"的现象。

无疑,陪读体现的是父母对孩子的一种爱,也体现了父母对子女教育的越来越重视。为了孩子的教育,付出金钱、精力,甚至是放弃自己的生活,去陪孩子读书,父母的这份爱令人动容。

但是,"陪读"对孩子来说并不是有百利而无一害的。

的确,适时适当的陪读对低年纪的孩子来说是有利的。但即便如此,父母也要注意这其中的分寸,一个把握不好,就会给孩子带来各种负面影响:助长孩子的依赖性,妨碍孩子的智力发展,使孩子产生厌学情绪等等。而对已经进入中学、高中甚至大学的孩子进行陪读,那则是有百害而鲜有一利。

来看看这些孩子们是如何看待父母的陪读的,这是某记者针对"陪读"现象在上海几所著名中学调查时得到的回答:

"自己要有独立的生活能力、学习能力,父母只不过是辅助作用。俗话说得好,十分里面七分靠自己,这不正是说自己的主观能力是非常重要的吗?'陪读'只是形式而已,一切都得靠自己去争取、奋斗、拼搏。"

"学习是自己的事,就好像饭只有自己吃才会饱一样,学习只有自己亲身经历过,才会刻在自己的脑里,成为自己的东西。父母陪读可能会导致孩子对父母的过分依靠,或者会令孩子心里产生压力,会觉得不自由。"

"陪读虽然体现了父母的关爱,但妨碍了我们独立自主能力的发展。这样的爱,只是溺爱,过多的溺爱,只会阻碍我们的成长。到社会上工作,不可能都要父母陪着,如果现在不试着独立一下,以后做什么事都不方便。"

"读书应该靠自觉,父母在旁边小孩或许会很认真地看书,但现在独生子女很多,他们大多依赖父母,做作业也一样。如果那样的话,学生想读好书是很难的一件事情。再者,父母一天忙于上班已经很累,晚上还要陪着孩子念书会很辛苦的,他们也有自己的事情要处理。"

"学习是我们自己的事情,是一种责任,与父母在不在身边没有多大关系。父母在身边,有了依赖。如果以后到很远的地方读书呢?这不是影响我们独立生活的能力吗?"

"父母有父母的事情,时而伴着子女说说话,交流一下,关心一下是很好的,但为了子女而放弃原有的生活、工作,就显得不太合理。身为子女,自己也有能力自我照顾,无须时时让父母照顾。"

……

当然,这其中也有赞成父母陪读的,但相比起来数目很少。孩子的这些话入木三分的道出了陪读的害处,无须赘言。

对于父母来说,不管是对孩子真的不放心,还是为了给自己找一个寄托,都应该认识到陪读是有百害而鲜有一利的。陪读的父母们,如果真的是对孩子不放心,那么孩子的无能其实是你们一手造成的,如果继续陪下去,恐怕孩子一辈子都要蜗居在鸟巢里;如果是在为自己的自私找借口,请到此为止吧,不要再在肉体上和精神上摧残孩子了!让孩子独立吧!给孩子自由吧!相信他(她)会在风雨中勇往直前。以宽阔的胸襟去包容他们犯错误,以欣慰的笑容接受他们改正错误,他们最终会明白,生命中最重要、最珍贵的东西是什么。

解放父母 解放孩子

◇ 打是亲，骂是爱？

打是亲，骂是爱，不打不骂把娃害！

这是中国传统教育中最为流传的一条法则。直到现在，有很多父母仍旧把其当作教育孩子的法宝。

这实在是大错特错！

要知道，在孩子心目中最具信服力的父母，并不是那些动辄打骂者。你可以用拳头胁迫他们点头，但却永远无法使他们的心灵为之洞开。你打得越狠、骂得越难听，他们的心门也关得越严，越不信服你，越会反抗顶撞你。只有那些真正讲道理，肯包容的父母才会使孩子信任并且佩服，才会从心底里听从父母的话，诚心地改正自己的错误，这才是优秀的教育。

恐惧是最容易把人摧毁的，这是全世界心理学家的共识。当一个人绝望的时候，最需要的是亲人的包容。父母永远是孩子心中最后的底线。父母能包容孩子，孩子就有胆识直面错误，有胆识改正，有胆识尝试新事物。而所谓的打骂教育是中国传统专制家庭制度的残余，会对青少年身心造成严重摧残。打骂教育，也是一种畸形的家庭教育方式，不仅不会使孩子成才，而且还有可能酿成家庭悲剧。英国著名的哲学家和教育思想家约翰·洛克早在300年前就提出：要尊重孩子，要精心爱护和培养孩子的荣誉感和自尊心，不能打骂孩子。他断言："打骂式的管教，其所养成的只会是'奴隶式'的孩子。"

望子成龙、望女成凤，是父母们的普遍愿望。但是，由于他们教育"失重"、"失度"，有意或无意中采取了打骂的教育方式，结果事与愿违，出现了不少触目惊心的家庭悲剧。

2006年，一名17岁的高中生因不满父亲的打骂，用老鼠药毒死了父亲。这名高中生从小在父亲的打骂中长大，尽管他的成绩在班上排中上水平,还写得一手好字,但仍逃脱不了父亲三天两头的毒打。一次,他因期中考试未取得父亲规定的成绩,而被父亲用钢条毒打了1个多小时,拇指粗的钢条也被打的变弯。第二天早晨,这位父亲还余怒未消,随手拿起放在桌上的菜刀对正在吃早饭的儿子咆哮:"若再拿那么差的成绩单见我,我就杀了你!"17岁的儿子被吓得抓起书包跑出了家门。这一次他从灵魂深处感到恐惧,并且想到了报复。当天,他就买了一瓶老鼠药藏在床下,想要"警告"一下父亲,正当他犹豫不决该不该实行自己的报复计划时,又一次毒打使他下定了决心。一天晚上,他早早回到家里,为父母做好了饭菜,可父亲只吃了几口就被药倒在饭桌上,母亲也昏迷不醒……最后,母亲因抢救及时保住了性命,而父亲却永远地闭上了双眼。

多么惨痛的经历!多么惨痛的教训!孩子需要的是教育而不是打骂,打骂或许能够纠正孩子的行为,使孩子听话顺从,但却是以摧毁孩子的灵魂,破坏他的自信为代价的,这不是教育,而是摧残。

再来看一则事例,《青岛日报》曾经刊登过一位成绩被"打"好的孩子的来信。原文如下:

我是一所省重点高中的学生,在十几年求学生涯中一直是拔尖的学生,却不是一个幸福的孩子。上小学时,父母就规定我的名次不能低于前五名,否则就要挨打。有一次,考了第八名,回到家里,妈妈二话不说上来就是一巴掌。那天我挨的巴掌我至今还记得,想起来就心痛。我是在棍棒下长大的孩子,棍棒下的孩子确实也会有好的成绩,我的成绩一直在班里名列前茅,但我不能理解的是,考了第一名,父母也从来不会由衷地表扬我,总是给我泼冷水,为的是不让我骄傲。我不能次次考第一啊,结果考了第二还要挨打,一年四次考试起码挨三次打,还不算平时的小打。现在我已经上高二了,还没有得到应有的尊严。

父母几乎天天翻我的书包,说是怕我学坏。每次翻我书包时,我都有小偷在公安局被审查的感觉,可怕极了。

今天又和妈妈吵架了,原因很简单,她要求我先做物理作业,我先做了外语,结果妈妈一边打我的耳光,一边狠狠地骂我。我毕竟是一个17岁的姑

解放父母 解放孩子

娘了,就让她这么一边打一边骂,声音大得整栋楼都听得见。我只有保护我仅有的一点尊严,求她别再骂我了。她却说:"我养你十几年,给你吃给你穿还供你上学,骂你怎么都不行啊?!"妈妈是用皮带打我的,我的手和胳膊都被打肿了,脸上全是巴掌印,我实在忍无可忍最后抢下她的皮带,她又狠狠地踢了我一脚,说了句:"真后悔不该生你这个畜生!"就在她说这句话时,我突然仿佛听见了玻璃破碎的声音,我仅有的一点尊严也被她彻底剥夺了,我当时大声吼了起来:"对,我是畜生,不要你管我好吗?!"她呆了,她万万没有想到,我会如此强烈地反抗她。也就在这一瞬间,我决定了:"我要退学!"我不能再让那可恶的成绩压死我,我即使能考上大学,我也不想考了,我要自谋生路。

也许我的选择是错误的,但我决不后悔,我要走自己的路,我要争回做人的最基本的尊严!……

读了这位女高中生的信后,相信所有的人都会感到震撼。当她妈妈骂那句"畜生"的时候,孩子为什么会听见玻璃破碎的声音呢?孩子的心是玻璃做的……

最痛当是心碎时,当孩子反抗得最强烈的时候,也是心碎的时候。那些被打骂的孩子,随着年龄的增长,虽然已看不到他们身体上挨打的伤痕。但在他们的内心,仍然保留着幼年时挨打的痕迹,其后果是造成对自己没有信心,莫名的内疚,这种内疚会有不同的表现:性格有攻击性,跟人相处困难,或工作不负责任等等。

这种幼年遭受打骂造成的人生不自信,不仅会严重伤害孩子的身心,还会直接限制孩子个性的发展,阻碍了孩子特长的发挥,很大程度地影响孩子未来的事业成功。

◇ 当孩子被人欺负时……

有的父母处于疼爱和保护的心理，在孩子遭到欺负的时候，会这样训斥孩子："他打你，你怎么不打他！"在这些父母看来，优胜劣汰，孩子从小就应该有竞争意识，无论在那一方面。其实这样做是很不利于孩子成长的。父母教孩子以牙还牙，会使孩子认为这样的处理方法是最正确的，有可能他也会去欺负他人。

妈妈从学校接回卡罗斯，发现他的手上有一块青紫，依稀可辨出是抓痕。妈妈就问："卡罗斯，这是怎么回事？"卡罗斯说："露西咬的。""她为什么咬你？""她跟我抢玩具，我不给她，她就咬我了。"

这位妈妈听了孩子的话，心里很不是滋味，自己的宝贝，自己从来一个手指头都没动过，可到学校后，就被别的孩子欺负成这样了，这还了得。妈妈继续问："那你打她了吗？""没有。""那你怎么办了？""我就哭了！""你这孩子，她打你，你就应该打她！"

当父母看到自己的孩子被人欺负之后，心里肯定不舒服，但父母要学会正确对待这样的事。教孩子以牙还牙不仅不会达到保护孩子的目的，反而容易使孩子形成什么事情都靠暴力解决的坏习惯。

为了避免孩子受欺负，平时父母可以从以下两方面对孩子进行训练：

一、教给孩子两个秘诀：不睬，不怕

孩子受欺负的事多发生在小学和初中，这个年龄段的学生中常会冒出一些小霸王，他们的特点一般是教养差成绩差，由于常受批评，他们在同学面前很没面子，但虚荣心又使他们想通过欺负人来挽回面子，他们有时还会

解放父母 解放孩子

去巴结一些高年级的同类学生甚至校外的不良少年。这些小霸王们欺凌的目标，一般总是选择那些对他们感兴趣、把他们当回事，甚至和他们有某些相似之处的孩子。所以，如果不理睬他们，无视他们的存在，那就首先在气势上压倒了他们。事实上，那些志存高远专心学习的孩子惹上麻烦的机会要比其他孩子少得多。

二、教孩子学会大声求援

父母要引导孩子在受欺负时，学会大声求援。有的孩子生性软弱，当别人欺负他时，他只知道向后退，一直退到墙角。孩子越是退缩，欺负他的人可能越是得寸进尺。对这样的孩子，父母应当告诉他，不用害怕，而要大声呼救。高声地喊叫，能吸引其他人的注意，使攻击的人住手。

那么，孩子受欺负后，父母该如何处理此事呢？

首先，父母要避免感情用事，不要不问原因就要孩子"以牙还牙"，"告诉孩子他打你，你就打他"，这是很愚蠢的做法，会使孩子习惯用武力解决问题，不利孩子良好素质的养成。

其次，要先安慰孩子，安慰是一副良药，会使孩子内心力量得以强大。孩子间互相打架是很正常的事情，在看到孩子被人打了以后，父母不要急着追根问底，因为不恰当的询问只会让孩子更加紧张。父母要做的是先安慰孩子，等他心情平复以后，再问明真相。

最后，父母不要着急替孩子做主，孩子之间的事情，先要问问孩子：你准备怎么办？这样做，一方面可以培养孩子独立处理问题的能力，另一方面，也可以了解孩子的真实态度。在问明孩子的态度之后，如果孩子的想法正确，就让孩子按他的想法做；如果不正确，父母则可以进行合理的引导，同孩子共同探讨处理问题的方法，最终解决问题。

总之，当孩子受了欺负时，父母一定要冷静、豁达，对孩子的关爱要恰当，化不愉快为愉快，化不利为有利，充实孩子的人生经验和智慧。

◇胎教一定要谨慎

父母对孩子的爱在其未出生时已经炽烈，为了宝宝出生以后能够健康聪明的成长，许多孕妇在怀孕初期就对肚中的宝宝进行"启蒙教育"——胎教。

那么，怎样的胎教才算科学？

幼儿专家表示，胎儿约在五个月大时，已有听觉反应，胎儿的内耳、中耳、外耳等听觉系统开始建立；在怀孕约六个月时，胎儿在母亲的子宫里，对外界的声音刺激会有所反应，包括感受到母亲的心跳速度、血液流动的节奏、胃肠蠕动的韵律等。所以，妈妈此时让胎儿正确地听一些音乐，对孩子有一定的积极意义，比如孩子出生后不易哭闹，能提升情绪、智商指数。

不过，专家们在临床上却经常发现一些准妈妈们不懂得如何胎教。有的准妈妈把随身听、录音机放在肚子上，让胎儿直接"听"音乐，这是非常荒谬的。正确的音乐胎教，应该让录音机的传声器离肚皮两厘米左右，不要直接放在肚皮上；音乐应以圆润的旋律为主，不要听一些音频过高、刺耳的迪斯科之类的舞曲；音量不要超过八十五分贝。

最好是选一些圆舞曲、生命交响曲等轻柔优美舒缓音乐，间接让胎儿听，这样对孕妇、对胎儿才都有好处。

一、优美音乐不一定就适合胎教

如理查德·克莱德曼的一些钢琴曲虽然优美动听，但不适宜作胎教音乐。因为，作为胎教音乐，要求在频率、节奏、力度和频响范围等方面，应尽可能与宫内胎音合拍。如果频率过高会损害胎儿内耳螺旋器基底膜，使其出生后听不到高频声音；节奏过强、力度过大的音乐，则会导致婴儿出生后听力下降。因此，选作胎教音乐，应先经医学、声学测度，符合听觉生理学的要求。

解放父母　解放孩子

父母在选购"胎教"磁带时，不要只是听一听音乐是否好听，还应该看它是否经过了医学、声学的测试。只有完全符合听觉生理要求的胎教音乐，才能真正起到开发智力、促进健康的作用。

二、胎教音乐忌用高频声音

在中国市场上出售的胎教音乐，经随机抽查表明，十一种的胎教音乐中竟有九种不合格，有的音频最高达到5000赫兹以上，这对胎儿的健康是有害无益的，会损伤胎儿的大脑和听觉等。中国已有报道说有些父母从市场购买的劣质胎教音乐磁带对婴儿进行胎教，结果"教"出失聪的宝宝。这已说明不合格的胎教音乐磁带会对胎儿造成危害。故在选购胎教磁带时应慎重，最好请专业人员帮助选购。

三、播放音乐时不要使用传声器，并尽量地降低噪音

胎教还需与婴儿教育相连接。正如专家强调的那样："始自胎儿的胎教并不能以分娩而结束，还必须与婴儿的早期教育相连贯，这样才不会使胎教前功尽弃。"

总之，孕妇在整个怀孕期间，只有彻底地消除优生大敌，做好胎儿保健，进行正确的胎教，才能生个健康优秀的小宝宝。

第四章

蹲下来与孩子一起看世界

解放父母　解放孩子

◇蹲下来，才能进入孩子的内心世界

现实生活中，每当我们跟自己的孩子或者亲戚朋友的小孩子玩耍的时候，往往会采取这样一种方式：蹲下来笑眯眯地和孩子交流，"来，抱一抱。""噢，真乖。""来，叫一声叔叔、叫一声阿姨。"等等，而这时候的孩子都比较快乐。

其实这里面存在着科学的道理，从心理学的角度讲，你只有蹲下来，孩子才能看到你的眼神，才能体会到你与他是在一个平等的位置，孩子也才能从你的眼神中感受到你的教育是否真诚。眼睛是心灵的窗户，不光是大人们能体会，2、3岁的小孩也能体会，青春期的孩子同样能体会。如果我们父母没有从内心上把孩子摆上平等的地位，那我们的孩子就会在心理上远离我们，甚至惧怕我们，父母给孩子留下的只能是一种居高临下的令人生畏的感觉。对孩子来说，父母就不足以信任。退一步来说，即使从生理学角度来看，父母站着教育，孩子们就要仰着头接受，这是非常累的，久而久之，很容易造成孩子的畸形，所以很多聪明的孩子可能就会对你不理不睬，不和你交流。

为什么说父母只有蹲下来才能进入孩子的内心世界呢？

现在的超市经营者，很懂得少儿心理，在超市的货架的低架处一般都摆放儿童玩具和儿童食品，而高架处则摆放供成人挑选的货物。如果我们带孩子走进超市，在我们的视线内的物品问孩子要不要，大多数的孩子是不理睬你的，因为他看不到你所指的那种商品。而在他的视线内，他看到的都是他喜欢的琳琅满目的儿童商品。如果你蹲下来，问他视线内的商品他要不要，他往往会欢天喜地的接受。

教育孩子时，很多父母发现如果你去让他接受那些空洞乏味，但却很有教育意义的文章，他们往往觉得乏味，难于接受，这其实并不是孩子的错，而是父母在教育上的失误，你没能蹲下去和孩子一起看这个世界。

曾经有一位小学语文教师在教"对称"这个词时,为了让学生们对"对称"这个词有更深的理解,就在课堂上提了一个问题:"同学们,谁能说说人身上什么东西是对称的啊?"同学们的回答非常踊跃。"耳朵是对称的,眼睛是对称的,手是对称的,脚是对称的"……这时候,有一位男生举手回答说:"老师,屁股是对称的,我小鸡鸡上的两个蛋蛋是对称的,我妈妈……"没等孩子说完,老师用严厉的目光盯着这位学生训斥说:"你坐下,不要再说了!"孩子惊奇了,委屈了:"同学们不知道的东西,我说了,老师为什么会不高兴呢?"下课后,老师又把孩子叫到办公室进行了严厉地批评,并立即打电话给他的家长,告诉他的家长说:"你儿子这么小就这样流氓,长大了怎么办?"搞得家长惊慌失措。

这位老师的做法是非常错误的,要知道,无论孩子的看法在你看来是多么的幼稚,多么的让你无法接受,你都不要盲目地用自己的价值观去否定孩子,而是应该试着"蹲下来",站在孩子立场去思考,比如上面那位老师,他如果能站在孩子的立场去看待孩子的答案,就应该知道这位孩子的回答并没有任何不妥之处,更称不上什么"流氓",他只是单纯地思考了老师的问题,单纯地给出了自己的答案。

教育的道理是相同的,父母在教育孩子时也应该明白这个道理,你只有"蹲下来",才能看到孩子的世界,也才能了解孩子的世界。如果你永远高高在上,以家长的身份自居,便很难获得孩子的信任,教育往往也就不会有什么好的效果。

第四章 蹲下来与孩子一起看世界

解放父母　解放孩子

◇ 父母应该保持一颗童心

父母只要能保持一颗童心,就能很轻易的走入孩子的世界,国内外的心理学家都做过不少调查,结果发现那些优秀孩子的父母通常都是些活泼、开朗、富有一颗童心、纯真的父母。

所谓童心,对大多数父母来说,的确已经是很遥远的事了。每当我们紧皱眉头、生气地训斥着因在下雨天玩水弄脏了鞋子、沾污了裤子的孩子时,好像很理所当然。但孩子心里不明白:这么好玩的事情,父母为什么不赞成呢?他们怀着兴奋的心情跑回家,本想向父母诉说一番戏水的情境,并让父母分享快乐,结果却被浇了一瓢冷水,火热的心被浇凉了,孩子被劈头盖脸地训斥一顿后,不明白这是为什么?

事实上,我们有些父母教育孩子的失败往往就是因为缺乏童心。父母常用成人的眼光看孩子,其实孩子有自己的天地,他们对任何事物都感到新奇,充满了幻想,爱玩游戏,爱提问题。可是有些父母总让孩子"规规矩矩",总想把孩子变成"小大人",这种脱离年龄特点的教育很容易造成两代人的隔阂,多数是要失败的。

小孩的童心,应该受到所有人的尊重,尤其应该受到自己父母的尊重,父母只要尽可能多的保留一些童心和童趣,就会发现教育孩子其实并不是一件很难的事情。

来看一位母亲的教育心得:

一天我正在织毛衣,儿子却在一旁吵闹着要我跟他玩小火车。我一看这有什么好玩的,于是说:"不好玩,你自己去玩吧,妈妈要织毛衣。"我仍埋头织毛衣。不料孩子"哇"地一声大哭,"啪"的一声把玩具摔在地上,那样子,感到委屈极了。无奈,我只好哄着他一块玩玩具,孩子很快就破涕为笑,快乐极了。

孩子为什么会这样生气地摔小火车?我想可能正是我当时缺乏"童心"所致。对大人来讲,玩小火车肯定没什么意思,可小孩子就不同了。由此我悟出一个道理:要使父母的教育能潜入孩子的心灵,引起"教育效应",做父母的一定要有一颗童心。

这位母亲说的很正确。做父母的虽然经常和小孩在一起,但如果缺乏童心,就很难进入小孩的世界,形似咫尺天涯,因为两代人之间找不到共同的爱好和语言,难以真挚地交流思想和感情。

那么,父母应该如何做才会拥有同孩子一样的童心呢?

首先,要了解孩子的心理。

不了解孩子的心理就不会有童心,尽管你是为了孩子着想,但很难取得好的效果。

比如,孩子下雪天想和小朋友去打雪仗,可是妈妈怕孩子着凉,把他关在屋子里。孩子苦苦哀求:"妈妈,让我玩一会儿吧,玩一会儿就回来。"妈妈却说:"外面天气冷,当心着凉。他们比你大,会欺负你的。你有这么多玩具,在家自己玩!"孩子哭了,这方小天地怎么能与小伙伴打雪仗相比呢?

其次,要知道孩子的要求。

美国《读者文摘》曾刊登过一篇孩子写给父母的信,充分表达了孩子对父母的要求,这对中国家长了解孩子有一定的启示作用——

1.我的手很小,无论做什么事,请不要要求我十全十美。我的脚很短,请慢些走,以便我能跟得上您。

2.我的眼睛不像您那样见过世面,请让我自己慢慢地观察一切事物,并希望您不要过多地对我加以限制。

3.家务事是繁多的,而我的童年是短暂的,请花些时间给我讲一点世界上的奇闻,不要只把我当成取乐的玩具。

4.我的感情是脆弱的,请对我的反应敏感些,不要整天责骂不休。对待我应像对待您自己一样。

5.请爱护我,经常训练我对人的礼貌,指导我做事情,教育我靠什么生活。

解放父母 解放孩子

6.我需要您不断鼓励,不要经常严厉地批评、威吓我。您可以批评我做错的事情,但不要责骂我本人。

7.请给我一些自由,让我自己决定一些事情,允许我不成功,以便我从不成功中吸取教训,总有一天,我会自己决定自己的生活道路。

8.请让我和您一起娱乐。孩子需要从父母那里得到愉快,正像父母需要从孩子那里得到欢乐一样。

再次,要经常回忆自己的童年。

每个人都有自己美妙的童年。做父母的不要忘了自己的童年:拍洋画、弹球、打弹弓、跳皮筋、跳房子、下老虎棋、吹泡泡、过家家,都曾使我们迷恋过;骑马打仗、打雪仗、藏猫猫,也曾使我们激动过,如果这些我们能回忆一下,对于理解孩子的童心,正确引导孩子是大有好处的。

最后,要看到社会的变化。

有些父母说,我有童心,我经常拿我小时候的情况与现在的孩子比,可越比越麻烦,与孩子的代沟越深。这是为什么呢?这是由于机械对比造成的。父母要保持童心,但不能完全沉醉于自己儿童时代的那颗童心,而是要用发展的眼光看社会,要看到时代前进了,社会发展了,现代孩子的兴趣、爱好与我们童年有了很大差别。孩子的生活条件改善了,智力开发早了,信息广泛了,思想解放了,观念也改变了。父母如果看不到这些,就会造成与孩子的隔阂。所以我们说的保持童心,还不完全是指父母自己童年时的童心,而是现代儿童的童心。这就要求父母时时研究社会变化对孩子造成的影响,不能以旧的观念看待新一代的孩子。

父母跟上孩子的发展变化,了解孩子不同时期的心理特点,了解孩子的兴趣、爱好、性格的变化,理解孩子的欢乐和苦恼,这是保持童心、缩短与孩子之间的距离,与孩子心灵接近、心理相通的基础。

◇ 放下家长的架子

父母放下家长的架子，不仅便于了解孩子的变化，也会使孩子感到幸福快乐，有利其改正缺点，健康成长。渴望家教成功的父母们，从放下家长的架子开始！

在中国封建社会，伦理森严，"君君臣臣父父子子"的等级绝对不可违背。但这种封建遗毒已经成为历史的垃圾，新时代的父母应该彻底抛弃高高在上、板起面孔说教的家长架子，变居高临下为与孩子平等相处，这样，孩子才能变得愿意向父母吐露心声，从和父母"对着干"变为愉快合作。

曾有一位学生家长在教育孩子的问题上谈道：

在培养孩子成长的过程中，我作为一名家长深深地体会到，父母的一言一行对孩子有很大的潜移默化的作用。人们常说："父母是子女的第一任教师。"真是一点也不假。

从孩子小的时候我就帮他分析事物、明辨是非，鼓励他对家庭的任何事情谈出自己的看法，并将与他的谈话录下来。把孩子的启蒙画保留下来，把他的学习成绩、身高等按逐年变化绘制成曲线图，从小就教他唱歌、游泳、吹口琴、钓鱼，带他到博物馆参观、看展览、看节目，有空还带他到大自然中去，呼吸新鲜空气……

在各种活动中，我不以自己是孩子的家长就说一不二，或摆出什么都对、什么都懂的样子，而是做能给予他知识和欢乐的最知心、最可靠、最值得信赖的朋友。我们经常组织家庭会议，讨论大家共同关心的问题；由于家庭气氛民主和谐，孩子生活得无忧无虑。

孩子有事跟我讲，从不在心里放着，出门说"再见"，进门问好，做饭当帮手，饭后洗碗擦桌扫地。平时买菜、洗菜，给父母盛饭，端汤，拿报纸，捶背。有时父母批评过了头，也不当时顶嘴，过后再解释。我常对孩子讲："我们是父

解放父母 解放孩子

子,也是朋友,我有义务培养教育你,也应该得到你的帮助,你长大了,或许会发现我有很多的不足之处,发现我很多地方不如你,这是正常的。因此,要像朋友一样互相谅解,互相帮助。"

在家里,不管是家长,还是孩子,都是平等的,孩子提出的看法,我们都认真思量,有道理的就接受。我的想法也都和孩子讲,共同商讨。这样,就让孩子觉得自己在家里有地位,受重视,所以也就对家庭更加关心。

我认为,只有放下家长的架子,和孩子成为好朋友,才能当好一名称职的家长。

这位家长的体会深刻、经验丰富,其做法令人敬佩。

对于孩子来说,不管年龄大小,都是有一定的自尊心。他们希望父母做自己的知心朋友,而不只是长辈,更不希望父母摆出一副长者姿态动辄训人。

事实上,只要我们用心观察一下,就会发现,大多数孩子和父母的隔阂往往是父母自己造成的。你把自己凌驾于孩子之上,不管对错全要孩子接受,孩子怎么会服气呢?他会这样想,为什么我做错事要挨打,妈妈做错了事却没人罚?就凭你比我大吗?

一个3岁的小女孩很愿意与隔壁的叔叔交朋友,心里话都愿意跟他讲,而不愿意与自己的父亲讲,原因在于,这位叔叔跟她讲话时是蹲着的,与她一样高,她觉得自己受到了对方的尊重,他们的关系是平等的。而爸爸跟她讲话时,是居高临下的,无论站着、坐着都比她高。

所以,父母要和孩子建立融洽的亲子关系,就必须放下架子,蹲下身子,走进孩子的内心世界,让孩子把你当成年长的玩伴和忠实的朋友。这是因为,教育的本身意味着伴随和支持。

亲爱的父母们,当你与孩子相伴时,请收起你的自负和优越感,放下的家长架子,去做孩子真诚的朋友,这样你的教育才有可能取得真正的成功。

◇试着让孩子自己拿主意

父母应该注意让孩子从小就养成自己拿主意的习惯,不必为孩子大包大揽,这样,孩子就容易得到自由发挥的空间。让孩子从小就学会由自己来决定自己的事情,对孩子的后天成长具有重要的作用。

著名作家萧乾自幼没有父亲,生活艰辛,从小就开始自己决定自己的事。他十余岁的时候,做家长的三堂兄要他辍学去当邮递员,他坚决不从,最后不惜与家庭决裂来坚持走自己的路。他后来感慨地说,他的一生都是自己一步步走出来的:如果自己的什么事都由家里决定,他很可能只是一个邮递员。

可见,让孩子总是对父母言听计从并不是什么好事,相反,父母应尽早培养孩子自己做主的能力,让孩子早日成才。同时,让孩子自己拿主意,还可以培养孩子自己承担责任的意识。父母要让自己的孩子意识到要对自己的行为负责,这样可以促使他早日学会与其他孩子相处,更可以从小培养出他们的责任心。

在英美等西方国家,曾盛行开放式教学理论,主张以培养学生的自立精神和独创性为办学宗旨,学生可以根据自己的兴趣和爱好自由选择授课内容,凭自己的意愿学习。这是尊重个人意志的一种体现,尽管他们还是孩子,但也有着自己的独立人格,他们的事应由自己来决定。用这种方法培养孩子的自主精神十分可取。

一个在美国的朋友曾讲述了这样一个故事:

牧心到美国两年了,他8岁的时候,由于美国的课程都相对简单,因此他在学习小学的课程的时候,总是游刃有余。

在小学三年级的时候,他的学习成绩仍十分出色,各个方面也都高人一等。

解放父母 解放孩子

在学期快要结束的时候,老师海伦小姐问他:"牧心,去问问你的父母,你是不是明年要跳一级?如果你想要跳级的话,就要参加一个跳级考试。"

牧心带着这个问题回到家里。

我们三个人坐在一起讨论跳级的好处和坏处。

经过讨论,我们提出了自己的参考意见,认为跳级的好处是加快了进度,使牧心觉得学习更有挑战性,更有意思,不会因过慢的进度弄得乏味而失去兴趣。

不好的方面是跳级后,面临的同学都是比他年龄大的,可能在交往上会有一些问题。

最后,我们说,牧心,爸爸妈妈的话只是对你的一个参考,最终的决定还要靠你自己做出。

当然这次谈话最重要的目的是让牧心知道父母对他的学习状况非常满意,这一点并不需要有考试成绩来证明,或者由跳级来证明。

无论他的考试成功与否,我们都会认为牧心是一个好学生并为他感到骄傲。

这一点使牧心放下了心理负担,轻轻松松地参加了跳级考试。

考试的结果证明,他轻松地达到跳级的要求。

于是牧心很愉快地升到另外一个班级学习。

在孩子们的心中,有时似乎也意识到自己应该做的一些事情,但同时又有一种错误的观念:必须有父母的督促或帮助才能完成。比如自己应当早睡觉,但他们却往往认为,督促睡觉是父母的事,父母应当保证孩子睡眠。这种想法颇有些"反客为主"的意味,按时睡觉似乎成了父母的事情,而非孩子自身的事情了。父母如果利用作息制度和铃声来控制孩子,孩子就会意识到铃声是没有什么价好讲的,执行与否要看自己,那么保证睡眠也就真正成为自己的责任。至于清晨按时到校,那就更是自己应当做到的了。

让孩子自己拿主意,可以让孩子在很多方面受益。首先可以培养孩子做事的积极性。其次,父母能够认真听取孩子的意见和想法,不是把自己的意愿强加于孩子,这样孩子就能明确感受到父母的支持和信任,从而增强对父母的感情。同时,父母的这种姿态也有利于培养孩子善于听取别人意见的作风。

诚然,对于像决定孩子的前途或是影响重大的事,让尚未成熟的孩子决断是不可行的。但父母应该有意识地创造一些让孩子参与决定重大事务的机会,尤其是与孩子息息相关的事,父母应征求孩子的意见,让孩子开动脑筋参与决策。比如,家中要买新电视机,父母就可让孩子参与选择买什么牌子、什么型号的。孩子被委以重任后,肯定会兴致勃勃地去了解各种品牌、各种型号的电视机的价格、性能。这有利于孩子增长知识,也利于孩子对自己选择的东西倍加爱惜。

◇用孩子的眼光看孩子的世界

当了父母的人总不免有一个疑问:在自己孩子的眼中,世界是什么样子呢?

英国儿童健康协会曾在伦敦动物园举办的"孩童世界"展览,为人们提供了全新的视角。

展览模仿了不同年龄的孩子的体验。当成年人戴上厚厚的眼镜时,他们眼前的模糊世界就仿佛是孩子的感受;他们戴上手套系上鞋带,体会到的是学步阶段婴儿的动作协调能力。

心理专家认为,这个展览重现了人的成长经验,让成年人获得了对儿童的崭新认识。专家认为,作为父母,如果没有经历过这种降级感觉,是不会了解孩子的。在圣诞节期间的展览会上,你不要以为孩子会为琳琅满目的礼品而高兴,在他们的眼里,这是一个充满着人的大腿、屁股、鞋子,以及其他庞大的物体在乱推乱撞的场面。

所以,不妨把自己的心态落到与孩子一样的水平线上,用孩子的眼光来看现实的世界,那么孩子的很多想法和行为,大人才有可能理解。

来看一则实例:

解放父母　解放孩子

一家人到户外去活动,弟弟和哥哥之间发生了一点小矛盾,结果扭在了一起,弟弟的鼻子被地擦破了一点皮。当时父母的心里是又生气又紧张,分别将他们两个人训了一顿,并问他们,为什么不好好玩,还打架?

弟弟委屈地说:"我是和哥哥好好玩的,我们想看看谁的力气大,摔跤玩,就摔倒了。"哥哥说:"对,都是那个地不好,硬硬的,把弟弟的鼻子都弄破了。"听到这里,父母不禁脸上有些发红,是啊,孩子们并没因为鼻子的问题而不高兴,他们还沉浸在摔跤的乐趣中,摔跤所带来的乐趣远远大于鼻子被碰破这点儿小事;更何况孩子在成长的过程中,是难免遇到这样或那样诸如此类的挫折的,俗语说:吃一鉴长一智。孩子们都这样想了,父母干嘛还要训他们呢?这个时候父母最应该做的事就是告诫他们,以后玩耍的时候要注意安全。

父母应该知道,孩子眼里的世界有时与大人是不一致甚至是截然不同的。作为大人,不能总站着,居高临下地审视孩子,滔滔不绝地训斥孩子,而应该蹲下身,和孩子站在同一视平线上,用孩子的眼光看世界,才能真正了解孩子。

那么,父母如何才能做到用孩子的眼光看待孩子的世界呢?

首先,学会倾听,成为孩子忠实的听众。孩子是一本无字的书,书的每一页,浸透着父母的心血和关爱。很多父母把孩子当作"小太阳",甘心作行星围着"太阳"转;而孩子却不愿当"太阳",而要做"星星",因为"太阳"太孤独,"星星"却有很多朋友。

现在孩子大多是独生子,他们害怕孤独,渴求倾听,渴望父母能成为自己的朋友,当他们的"孩子王"。因此,聪明的父母与其做一个高明的说者,不如做一个高明的倾听者。当面对着"鸡蛋里面挑骨头"、"打破砂锅问到底",满脑子都是稀奇古怪的孩子时,不论孩子的问题多么简单、多么幼稚,父母即使再忙再累也千万不能漫不经心,眼睛左顾右盼,手里不时地翻动着书报,嘴里不停地说着"我早就知道"。而应该保持微笑、热情地看着说话的孩子,并常常表现出惊讶的样子,赞叹道:"真是这样吗?""我跟你想的一样!""你的想法太好了,请继续说!""你真棒!我简直不敢相信!"以此来表示自己对孩子所说的话的兴趣和愉悦,同时对孩子所提的问题进行热情的点拨,并及时为他们排忧解难。这样孩子们便会认为你"够朋友","了不起",自然就乐于向你敞开心扉。

其次,要以孩子的眼光看看孩子的世界,父母还应知道孩子有自己独立完整的人格,也有属于自己的思想,父母要能尊重孩子,向孩子请教。

在孩子成长的过程中,知识面会逐渐增广,他们会开始自己观察、思考,对一些问题也会有自己的看法和见解,如果一味以成人的标准来思考和行动,不敢越雷池一步,那么就会压抑孩子健康的个性和心理发展,不利于培养孩子完整的人格。因此,做父母的,应该学会平等地和孩子相处,遇事多向孩子商量:"这样做行吗?""你喜欢不喜欢?""这件事这样处理好不好?""这样讲你听得懂吗?"这样,孩子感受到父母对他的尊重,对他的关心,自然会奋发向上,朝着父母期望的方向努力。

最后,以孩子的眼光看问题,就还要能以一颗平常心去理解和宽容孩子的过错。俗话说"十个指头有长短,荷花出水有高低。"不要总拿自己的孩子和别的孩子相比,不要把目光总是放在自己孩子的缺点上。应该将心比心,对孩子给予充分的理解,用宽容发展的目光看孩子。

总之,父母要想教育好孩子,就要学会去倾听到孩子的心声,与孩子产生共鸣,恰如其分的评价孩子……而做到这些的前提就是用孩子的眼光看孩子的世界。

第四章 蹲下来与孩子一起看世界

解放父母　解放孩子

◇ 帮助孩子实现一些简单"梦想"

"梦想"这个词在成年人看来,或许是很遥远很难实现的一个词眼,但在孩子心中却往往触手可摸,很简单的就能实现,当然,这需要父母的帮助。

《中国教育报》曾刊登过这样一篇文章:

日前,在广州市少年宫对1000个孩子的新年梦想进行调查,最热门的新年梦想有5个:一是学习进步,身体健康;二是能在2008年去北京看奥运;三是爸爸妈妈能带我去更多的地方玩;四是能认识更多的好朋友;五是希望能得到心爱的玩具。

广州一个地方,虽不能涵盖全国范围内的孩子,1000也不是一个很多的基数,但滴水足以观沧海,窥一斑也可见全豹。从这一个调查数据,我们还是可以看出一些东西的。

不难发现,这些孩子的梦想其实都是一些平实、纯真、简单的愿望,实现起来并不难,但媒体却对其冠之以"新年梦想",这不能不引人深思:除去媒体记者们喜欢用"梦"的字眼吸引读者的眼球之外,给人的感觉是,实现这些"梦想"一定是有相当的难度,原因就在于很多父母日常生活很可能忽略了孩子们并非奢侈的愿望。

再来看一篇父亲的日记:

幼儿园放假半天。我去接儿子拉克回家时,拉克提出了一个要求:"爸爸,你能不能带我去公园?"我下午有许多事情要做,当然不能满足他的要求。中午,我和拉克吃的是方便面,然后他玩他的积木,我心急火燎地处理我的文件。过了一会儿,拉克走进书房,轻声问:"爸爸,好了没有?"我说:"你不要吵爸爸,自己玩去。"拉克轻手轻脚地走出书房。又过了一会儿,拉克又走进书房,轻声问:"爸爸,现在你好了没有?"我说:"你没看到我正忙吗?不要吵爸爸。"拉克嘴巴扁扁的,一声不响地走出去了。等我把手中工作处理完,我伸了一个懒腰,叫了一声"拉克",但没人应。我站起身,看到拉克在客厅的沙发上睡着了。时间已近五点,该是用晚餐的时候了,妻子也该下班回家了。将近六点,妻子一脸倦容回到了家,我叫醒拉克,然后做饭、洗碗,看新闻……已经是晚上七点多了。拉克说:"爸爸妈妈,能不能带我去超市里去玩。"妻子没好气地说:"妈妈累了,想睡觉了。"拉克在妈妈面前撒起了娇,拖住妈妈的手,说:"我一定要去。"妻子有点生气:"你这孩子,这么不听话。"拉克住了手,坐回沙发上。我对拉克说:"明天吧。"拉克点点头说"好"。夜降临了,我们都很累,想睡了。妻子沾着枕头就呼呼睡去,我陪拉克在床上玩了一会儿,瞌睡也上来了,闭上了眼,朦胧中,拉克在我耳边说:"爸爸,你说话可要算数,明天要带我去玩。"我心里想着明天的事,又有许多许多。我眼也没睁,说:"明天再说吧。"黑暗中,我听到五岁的拉克,哀哀地叹了口气……

孩子的愿望多么简单,可就是这么一点点的小心愿,大人却很难办到。这实在是一件令人遗憾的事。父母们,关注一下孩子们真实的愿望,不要把"忙"当作借口,尽可能利用闲暇时间去帮助孩子实现一些简单的"梦想"吧!亲情需要我们用心的付出,播撒你的爱,才能收获孩子的成长。

第四章 蹲下来与孩子一起看世界

解放父母 解放孩子

◇ 和孩子一起成长

来看一则新闻：

在公共汽车上，一位母亲和孩子一起坐在一个座位上。这时，上来一位抱小孩的少妇，这个孩子很懂事，站起来，对那位少妇说："阿姨，您坐我这儿。"没想到，那位母亲伸出手来，把孩子又按在了座位上。孩子不解地说："我们老师说，要给抱小孩的人让座的。"

这则新闻读起来让人感慨不已。或许，那位母亲教育过孩子要讲文明，懂礼貌，助人为乐，长大做"四有"新人。但在实际行动中，她却没有给孩子做出好的榜样，用行动去感染孩子。事实上，现在的很多父母在教子方面已进入了一个误区，那就是：重于言传，不去身教；只要求孩子怎样，不自律自己如何。父母是孩子的第一任教师甚至是孩子的终身教师，孩子在很多方面都会向父母看齐，所以父母一定要严格要求自己，身体力行，努力给孩子做一个好榜样。可在现实生活中，我们却经常发现，一些父母说是说，做是做，言行不一，一边要求孩子学会尊重，学会关心，自己却夫妻反目，婆媳相嫌；一边要求孩子努力学习，不断进步，自己却安于现状，不思进取。试问，父母都不能以身作则，又凭什么去要求孩子呢？

我们之所以认为父母有必要和孩子一起成长，上述父母不能以身作则是一个重要原因。

此外，孩子在成长的过程中会遭遇很多问题，作为父母，我们也会在孩子成长的过程中遭遇这样那样的问题，因此，父母需要和孩子一起成长。

华东师范大学社会学系副教授韩晓燕在一次讲座上曾这样阐述"一起成长"这个概念：

"记得儿子小时候，我问他，你妈妈几岁了？儿子告诉我说，妈妈你7岁了!我一听奇怪了,妈妈怎么会7岁?儿子更加奇怪地看着我说,妈妈是生了我才做妈妈的,所以妈妈和我一样大!"

韩晓燕进一步解释说,作为父母,担任爸爸妈妈这个角色的时间和孩子的年龄是相同的,在这个过程中,会遇到很多自己以前没有遇到过的问题,所以应该学会和孩子一起成长。

那么,具体地讲,父母该如何才能做到与孩子一起成长呢?

一、父母应该树立终身学习的观念

古人讲:"少而学,壮而有为;壮而学,老而不衰;老而学,死而不朽。"在知识经济的时代,无论你是什么样的身份,都要自觉地持续不断地学习,确保与时俱进。这样做,一方面能提高自身素质,适应社会竞争;另一方面,也可以促进教育孩子能力的增长,给孩子树立一个勤于学习、乐于学习的榜样,使家庭多一点书香气。

二、父母应树立向孩子学习的观念

著名人类文化学家米德认为:当代青少年有着很强的"文化反哺"能力,他们能够把对不断变动中的社会生活的理解和不断涌现出的新知识传递给自己的长辈。有的社会学家甚至断言:"我们正在进入一个年长一代向年轻一代进行广泛的文化吸收和信息反哺的时代。"现代家庭不仅是休养生息的居所,也是学习进修的教室;家庭成员间不仅是血缘关系,还应该是师生关系、同学关系。父母要主动放下架子、抛开面子,虚心向孩子请教,真心地把孩子当成讨论问题的朋友。这样一来,不仅父母能从孩子那里汲取活力和能量,孩子也能在父母的尊敬、请教的激励中形成内在成长机制,增加自我成长的动力。

三、树立以身作则的观念

父母要改变孩子,首先就得改变自己。不要总是把眼光盯在孩子身上,找孩子的毛病,而应该经常检讨自己,在自己身上找根源。

解放父母　解放孩子

四、父母必须要放松心态

一条非常重要的原则是，不管你采取什么样的方式教育孩子，与孩子沟通，你们彼此都应该感到快乐。只要你们彼此都觉得很快乐，你就成功了90%。

总之，在这样一个丰富多彩的世界里，在这样一个充满创新与发展的时代里，父母一定要从各个层面上丰富自己，充实自己，提升自己，让自己的生命更有品质更加精彩，从而才能成就孩子生命的精彩。

所以，让我们和孩子一起成长吧。

把孩子从固定的角色中解放出来

解放父母　解放孩子

◇ 正确对待孩子的兴趣

每个人都有不同的兴趣与爱好，你不能强迫别人与你相同，正像老话所说的"萝卜白菜，各有所爱"。父母大多明白这一个道理，在日常交际中，也大都能很好的做到这一点。可是在面对孩子时，有些父母在这一点上的认识往往就很模糊了。

父母应该知道，一旦孩子对一些东西产生了兴趣，他可能就会把自己的兴趣和爱好作为奋斗的目标。这样一来，他的主动性就能得到充分发挥。即使再疲倦和辛苦，也总是能兴致勃勃、心情愉悦。

孩子的兴趣是一种非常宝贵的资源，善待和保护孩子的兴趣，就是在保护一种孩子追求成功的动力。然而在现实生活中，许多家庭的父母对待孩子的兴趣是不屑一顾的，甚至故意去熄灭孩子刚刚燃烧起来的热情。他们眼中看到的只有学习成绩，关心的只是考试分数。这是非常令人遗憾的一种行为，也是一种值得深思的一种现象。

陈坚是一个喜欢篮球的男孩，在上小学时就迷上了篮球，上了初中以后，他还参加了校园篮球队，可杰克的爸爸硬是不让他去活动，说是怕影响学习，怕他考不上高中，怕他受伤……

杰克是一个很有主见性的孩子，面对爸爸的偏见与固执，他没有退缩，而是决心要说服爸爸，他希望走自己的路。于是杰克找出各种理由进行辩解。

"不行，不准去！"爸爸威严的声音传来，杰克立即像泄了气的皮球一样，倒在椅子上。拿起书本，他心里冲动，真想大声叫喊："什么XYZ，我都不要看！我就爱打篮球！哼！不让我去，我在家里也一样玩。"于是杰克在客厅里练起运球来。

这一招果然有效,妈妈急匆匆地赶来:"哎,你这孩子,你就不想想,爸爸不也是为你好吗?你不好好学习怎么考高中,考不上高中怎么考大学。不上大学……不上大学哪有好工作……"杰克大声地说着:"妈妈你怎么就只知道让我考大学,不知道成功的路不止一条。再说,我的学习也不错啊。一星期就这么点空闲时间,我也应该轻松一会儿啊。"爸爸听了杰克的话在一旁训斥道:"空闲时间也要学习,这是拉开与别人距离的最好机会!"

杰克终于没有办法了,泪水充满了眼眶,委屈地说:"爸妈你们从来都不理解我。上初中以来,你们就几乎没带我出去玩过,我唯一的兴趣——篮球也不让打了,难道我就是为成绩而活的吗。"

看着满桌子的参考书,杰克的泪水再也止不住了。父母这时似乎被他的话打动了,不再说什么。杰克趁机讲下去:"就算我去考大学,将来参加工作,人家不也要多方面的人才!再说,也只有加强身体锻炼,才能适应充满竞争的快节奏学习和生活。"听了儿子的肺腑之言,爸爸放下手中的活,终于松口了:"好吧!以后每星期六可以去踢球,但不能超过3小时。"

这一天杰克等了多久啊!他心里想:对于父母以前那些善良的管制,我应当感谢但不能接受,因为,我的生活是丰富多彩的,成功的道路不止一条。我的道路需要自己去走,这样我才能自豪地说:我是幸福的,我拥有了自己的生活。

孩子的发展应当是全面的,父母培养孩子首先要发现孩子的兴趣与爱好,不能使每一个孩子都变成一个学习的机器,而应当使他得到全面的发展。当孩子一旦对某一方面或某些事物入迷之后,他就会以惊人的勤奋和毅力去从事这件他所热爱的事情。一旦他们步入了这一轨道,他们潜在的才能就能够得以充分发挥,这种发挥是迅速而惊人的。

相反,孩子的兴趣和热情一旦泯灭,他们潜在能力发挥的余地就会越来越小。

所以,我们每一位家长都不能随意践踏孩子们兴趣的幼芽,要从小注重对孩子兴趣和热情的培养,以便孩子的潜在能力得以正常发挥。

如何正确对待孩子的兴趣,父母应该注意以下几个问题:

第五章 把孩子从固定的角色中解放出来

解放父母 解放孩子

一、承认孩子有爱好的权利

在遇到这种问题时,做父母的首先要承认每个人可以有自己个人的喜爱和兴趣。作为孩子,他们也有自己爱好和兴趣的权利,自己不应该随便干涉。

二、不要逼迫孩子

父母不要指望通过逼迫的手段令孩子屈服,这样做往往是适得其反。

三、对孩子的兴趣不要过早的做定论

不同性格的孩子,他们的兴趣维持时间也不一样。有的孩子具有某方面的天赋,对某一事物发生了兴趣,就坚定不移,一直喜欢下去;有的孩子兴趣广泛,很容易对某一事物产生兴趣,但维持的时间不长,很快又转移到其他事物上。所以,父母不宜对孩子的兴趣过早定向,这样容易造成把孩子不感兴趣的事情强加到孩子身上。

四、就是尽量尊重和善待孩子的兴趣

在今天这个多彩多姿的生活里,人的个性和兴趣得到较充分的发展,父母应该允许孩子自己选择兴趣,当然在承认与尊重的前提下,父母还是可以进行适当的引导的,这样容易培养孩子高尚的趣味和情操。

◇保护孩子的好奇心

孩子的个性尽管千差万别,爱好尽管不同,但却也有不少相通的东西,比如好奇心就是其中之一。好奇心在孩子的成长过程中起着非同一般的作用,父母一定要注意保护和开发孩子的好奇心以及由此产生的求知欲。

好奇心比较强的孩子,往往表现出来好动的个性。有的孩子从书本上看

到陶是用泥巴烧成的,就会试着将泥巴捏成一定形状用打火机烧。这时父母就要告诉孩子,精美的陶器是在高温条件下烧制而成的,一般的火焰温度达不到。有条件的话还可以专门带孩子去制陶的作坊参观,让他了解制陶的有关原理。

保护孩子的好奇心不是一句空话,当父母的要理解孩子。如果孩子看到新鲜好奇的东西,做父母的表现出漠然的样子,就会冷了孩子的心。孩子的好奇心得不到满足,探索欲得不到保护和开发,很可能会因压抑而枯死,这样孩子的智能就很难得到良好的发展。

著名教育家陶行知先生曾碰到过这样一件事。一位母亲对他抱怨说,她的儿子非常淘气,把好好的一块贵重金表给拆坏了,她把儿子打了一顿。

陶行知先生当即说:"可惜呀,中国的爱迪生让你给枪毙了。"陶行知先生的这番话形象地道出了目前在家庭教育中,父母是怎样无意识地扼杀孩子可贵的好奇心,抑制孩子创造性的形成的。

发明家爱迪生,幼年时好奇心和求知欲都很强,凡事喜欢追根寻源。他因为向老师提出"2十2为什么等于4"的问题而闯下大祸:刚进校3个月的就被勒令退学。他的母亲十分悲愤,下决心亲自教育儿子成长,为给儿子建立自信心,她给他讲文学、物理和化学,培养他爱学习、爱科学的习惯。爱迪生的求知欲因此被母亲进一步激发起来。"天才"的萌芽在不知不觉中成长,最终成为举世闻名的发明家。

由此可见,孩子的好奇心和求知欲需要得到别人的认同。如果连做父母的都不能认同自己的孩子,那么孩子就很难自信地面对这个世界。试想,爱迪生的母亲如果不认同自己的儿子,同学校和老师的看法一样,认为自己的儿子是一个白痴、一个怪物,那大发明家爱迪生很可能就不会出现在历史上。

有时候,孩子的好奇心会冲破父母的知识范围,这其实是很正常的现象。父母对孩子的发问一时答不上来,可以通过翻书或向人请教,有了正确的答案,事后再告诉孩子,千万不能不耐烦地说:"就你能!""就你话多!"或者饭桌上父母回答不了孩子的问题时,就用"吃饭吧!"来加以搪塞敷衍。

敢于质疑,是孩子好奇心的萌芽。即使孩子因好奇而惹了麻烦或做错了事,父母也要正确引导,不可大声责骂,更不可动手打孩子。

第五章 把孩子从固定的角色中解放出来

解放父母 解放孩子

◇不要打击孩子的想象力

有一点,我们必须承认,每个孩子都有着丰富的想象力,之所以有很多孩子表现不出来,大多是被老师或者父母给扼杀在"摇篮"中了。

留美学者黄全愈博士曾写过一篇题为《创造性能不能教》的文章,文中写道:

美国孩子学画画,老师往往不设样板,不定模式,让孩子从现实生活到内心想象的过程中自由构图。孩子虽然画得"一塌糊涂",但十分高兴。画完之后,只问老师"好不好",而从来不问"像不像"。

黄博士说:"回答'像不像',是指'复制'得如何;回答'好不好',是指创造得如何。"

黄博士还讲了这样一个故事:

美国的小学美术老师达琳曾来中国云南作学术交流。不少中国老师请教她:"怎样教孩子的创造性?"达琳很困惑:"创造性怎么能教呢?"

达琳给中国孩子出了一道题:《快乐的节日》。结果发现,很多孩子都在画圣诞树,而且画得一模一样!她仔细观察,原来孩子们的视线都朝着一个方向:教室墙上的一幅画里有棵圣诞树!达琳把墙上的画遮起来,要孩子们自己创作一幅画来表现这个主题。令达琳感到吃惊的是,那群孩子竟然抓耳挠腮,一副茫然的样子……达琳老师不得不又把墙上的那幅圣诞树揭开……

这个真实的故事令人深思。中国有千千万万个孩子在学画画,问题是怎么学?学什么?用什么方法去学?是用"眼"画画,还是用"心"画画?

黄博士对此给出了观点:模仿是一个简单的由眼睛到手的过程,由于没有心的参与,可以说是一个类似"复印"的过程。长此以往,虽然技艺越来越高,可想象力却越来越差。他的眼睛里有画,而心里没有。眼睛里的画只能是别人的画,只有心里的画才是自己的。

再来看这样一个真实的故事:

在某个学校的一次考试中,有这么一个问题:"雪化了是什么?"这个问题对于稍微有点常识的人来说,是很简单的,但是老师在后来的阅卷中发现,有一个孩子给出了一个出人意料的答案:"雪化了是春天。"然而,这个别出心裁的答案被打上了一个鲜红的"叉"号,至于原因,自然是因为跟标准答案不符。

好一个跟标准答案不符! 它如同一把坚硬的锉刀,毫不留情地磨掉了孩子们的想象力。

事实上,面对老师的这种打击孩子想象力行为,父母不能无动于衷。在这一点上美国有一位母亲就做的非常之好:

1968年的一天,美国一位三岁女孩指着一个礼品盒上的"OPEN"对她妈妈说,她认识第一个字母"O"。这位妈妈非常吃惊,问她是怎么认识的。女孩说是幼儿园的老师教的。这位妈妈在表扬了女儿之后,一纸诉状把幼儿园告上了法庭,理由是该幼儿园剥夺了孩子的想象的权力。因为她女儿在认识"O"之前,能把"O"说成是苹果、太阳、足球、鸟蛋等等圆形的东西。但是,自从幼儿园教她认识了字母之后,孩子就失去了这种想象的能力。她要求幼儿园对此负责,并进行精神赔偿。

此案在法院开庭时,这位妈妈作了如下辩护:"我曾在一个公园里见到两只天鹅,一只被剪去了左边的翅膀,放在较大的水塘里;另一只完好无损,放在很小的水塘里。管理人员说,这样能防止它们逃跑,剪去左边翅膀的因无法保持身体平衡而无法飞行;在小水塘里的因没有足够的滑翔路程,也只能呆在水里。现在,我女儿就犹如一只幼儿园的天鹅,他们剪掉了她一只想象的翅膀,过早地把她投进了那片只有ABC的小水塘。"

陪审团的全体成员都被感动了。幼儿园败诉!

第五章 把孩子从固定的角色中解放出来

解放父母　解放孩子

两相对比,我们的父母是否应该有一番领悟和惊醒呢?

伟大的爱因斯坦曾说过:"想象力远比知识更重要,因为知识是有限的,而想象力概括着世界上的一切并推动着进步。想象力是知识进步的源泉。"由此可见,培养孩子想象力对孩子是多么的重要。孩子的想象也许有时候看起来,有些可笑和不切实际,但是作为成人的我们是否想过,瓦特正是有了"为什么蒸汽能把壶盖顶起来"的思考,才有了后来蒸汽时代的到来;莱特兄弟正是有了"人能否长上翅膀,像鸟一样在天空中飞翔"的异想,才有了人类飞翔天空的现实……

所以说,父母千万不能打击孩子的想象力,这样做很可能会毁掉孩子辉煌的一生。

◇ 帮孩子摆脱思维定式

父母在教育孩子时,经常会碰到这样一种情况,孩子陷入自己的思维模式,固执地在一个范围或一个角度寻找问题的答案,无论父母如何阐述,孩子都很难从中摆脱出来。比如,孩子做错了一道题,其中的道理很简单,但无论父母怎么说,他就是想不通。这时,孩子就是陷入了自己的思维定式。

陷入思维定式是一种常见的现象,不止是孩子,在成人世界中,这种现象表现的也很突出。

有这样一个故事:

在一个茶馆中,一位公安局长正在和一个老头儿下象棋,突然,一个小孩跑了进来对公安局长说:"快回家吧,你爸爸和我爸爸吵起来了。"老头问公安局长:"这孩子是你什么人?"局长说:"这是我的儿子。"那么,请问这两个吵架的人和局长是什么关系?有人拿这个问题问了100个人,令人遗憾的是只有两个人答对了。

相信有很多人在初次看到这个问题时,也会束手无策。但如果你仔细思考和推理,事情并不复杂。这个下棋的公安局长是个女局长,自然是孩子的妈妈。吵架的是孩子的爸爸和孩子的外公。而在许多人的心目中,公安局长被认为是男性。再加上茶馆、下棋的老头儿这些干扰因素的存在,人们更不容易联想到公安局长是个女的。

再来看这样一个小游戏,由两道问题组成。第一个问题是让被试人快速说十遍"木兰花",然后突然发问:"古代代父从军的是谁?"许多人这个问题都能答对;而到了第二个问题,请被试人说十遍"亮月",发问道:"后羿射下的是什么?""月亮!"十之八九的被试人脱口而出,待几秒钟后方惊呼上当。本是烂熟于心的最简单的常识,为什么会答错呢?第一个问题布置好了圈套,被试人由第一题的答案得出了结论,认定只要将自己口中所说的内容颠倒一下顺序即可。思维定势一旦形成,就难排除其干扰,人们往往就顺着它的思路走下去。待到反应过来,才恍然大悟。

这两个例子说的都是思维定式作怪的现象。

思维定势是束缚和禁锢孩子创新的一种思维方式。要想让孩子学会创新,就必须要帮助他摆脱思维定势,养成多维思考的习惯,不墨守成规,不迷信权威,不迷信书本,坚持从实际出发,勇于在实践中探索。只有这样,创新的火花才会在突破定势那一刻迸裂而出的。

那么,具体的,父母又该如何帮助孩子摆脱思维定式呢?

一、父母不能代替孩子做出决断,要让孩子多用自己的大脑思考问题

孩子不是父母的附属品,父母也不是孩子的替代品,孩子的想法不见得与你一样,也许孩子的观点在你们看来有些幼稚,甚至是异想天开,但这是他们对这个世界的解释,是他们成长的收获。所以,当孩子的想法和你存在差异时,千万不要一棍子打死。

二、父母应该鼓励孩子多做开发智力的游戏。

孩子需要游戏,恰如鱼儿离不开水一样。游戏对孩子的智力开发有着重要的作用。父母不要谈"玩"色变,在玩中,孩子可以很愉悦地学到知识,从而锻炼大脑。

第五章 把孩子从固定的角色中解放出来

解放父母　解放孩子

三、父母要启发孩子多角度看问题

孩子对自己的父母具有很大的模仿性,父母的言行、举止、思维方式都在潜移默化中对他们产生影响。所以父母应该积极地引导孩子,培养孩子从多个侧面看问题的习惯。

四、父母要对孩子的新奇思维进行正确引导

万事皆有度,我们鼓励孩子的创新思维,但也要防止他们走入歧途。打破思维定势是创新,但过于别出蹊径就是诡辩了。我们不希望孩子们从一个极端走向另一个极端,在孩子的思维出现了偏差时,父母应该及时地正确指导。

◇保护孩子的创造能力

创造力,是指人们根据已有的经验和认识,找出解决新问题的方法,或创造出前所未有的新事物、新形象的能力。它是智力发展水平的重要标志,心理学研究表明,创造力不是一种全有或全无的现象,而是所有正常人普遍具有的程度不同的能力。

不夸张地说,每一个正常的孩子都具有一定的创造力,他们的创造力主要表现在能够用自己的方法,去解决一些日常生活和学习中的问题。可是,现实生活中,为什么在创造力的表现上,孩子之间会存在不同程度的差距呢?这其中的关键就在于父母。

有一位爸爸想让5岁儿子证明一下看不见的空气是怎么存在于我们日常生活中的(这位家长为孩子提供了杯子、塑料袋、风扇、水等具体的东西)。儿子因为有具体的东西做直接的依据,思维就显得十分活跃,他打开风扇,一边让风吹拂他的头发一边说,空气现在正在给我梳头。然后他把空塑料袋口攥紧,并不断往里捏直到塑料袋变成一个气鼓鼓的包,嘴里还嚷着:我已

抓到了你，空气，看你还往哪里跑。最后他将空杯子口朝下倒着压入水里，一开始因为没有冒气泡他着急了，他爸爸让他想象一下潜水员是怎么呼吸的，他眨了眨眼睛然后让杯子在水里慢慢倾斜，哇！成功了，水里冒出了气泡，杯子里的空气排了出来。

从这个事例中，父母们应该可以看出，孩子的创造性活动必然以其创造想象为基础，而孩子的创造想象是以他的日常生活经验为基础的。因此，父母要特别重视孩子日常生活各种经验的积累，并不断创造机会让孩子充分表现其创造力。否则，你的孩子的创造力就会被束缚在脑子里面，难以得到现实性的表现。

事实上，对于父母来说，培养、发觉和保护孩子的创造力并不是一件特别难的事情。只要我们从以下几方面去潜心培养、教育，孩子的创造力就能够得到正常或超常的发展：

一、肯定、赞扬、扶植孩子的创造性

一些心理学家研究认为，四岁到四岁半的幼儿最富于幻想，创造性想象达到高峰，五岁后逐渐下降。究其原因，主要是因为成人不了解孩子的心理特点，习惯用常规和传统经验办事，按自己设想的模式去教育孩子，自觉或不自觉地压抑了孩子的创造能力，使孩子的思维范围逐渐狭窄，思维方式日趋固定化。

孩子的丰富想象能力与大胆创造的精神是难能可贵的。当孩子对某些事物兴趣浓厚而寻根究源时，父母要热情鼓励。对孩子提出的各种问题，父母都要做认真地回答，且要合乎孩子的心理，以启发孩子积极思维。对于孩子在实际中生活、工作、学习中提出的新观念、新做法、新设想，哪怕是点滴的，零碎的，不成熟的，父母都要热情地加以肯定、赞扬，及时扶植孩子正在萌发中的创造性。

孩子的想象力、创造力来源于丰富的见识。我们要带孩子多看些能启发想象力的电影、电视、科技展览，指导他们阅读一些科学故事、童话、科普读物，介绍一些古今中外著名人物的创造发明，让孩子了解和学习那些发明家、科学家、艺术家、工程师等伟大的想象和创造能力，拓宽生活面，扩大知识视野，增长才智，从而发展孩子的创造力。

解放父母　解放孩子

二、多给孩子一些实践的机会

实践是发展孩子创造力的重要条件。孩子智力的发展，是借助于自己的感官、双手的实践获取的。勤动手，会促进大脑相应区域的发育。实践的机会越多，思考就越周密、细致。例如，"昆虫学"创始人法布尔小时爱观察，捕捉小昆虫；牛顿在儿时创作过小水车、风车；郭守敬自幼爱动脑，15岁时就制成了精确的计时器——宝山漏壶。日常生活中，我们见到孩子拆毁四驱车、小闹钟、钢笔、自行车之类的现象，正是孩子探求事物的奥秘、追根求底的好奇心的突出表现，应注意加以引导，尽量满足孩子的求知欲与好奇心的需要，使他们的创造力在实践中不断得到发展。

三、有意识地训练孩子的创造性思维能力

创造性思维，主要指扩散性思维与集中性思维两种思维方式。

集中性思维，是一种收束性思维，可训练孩子从各种答案中找出唯一正确的答案的能力。目前，一些教师传授知识，多用这一思维方式，许多学生家长对子女也多是灌输现成知识和已有结论。这样，对于培养孩子的想象力、创造力以及解决问的能力是不够的。

扩散性思维，则是在思考过程中，以问题为中心，向四面八方展开，寻找多种答案。它不固守一个方向、一定范围、一种形式，具有流畅、广阔、深刻、灵活、独特的特征，是培养孩子创造力的重要方面。我们要注意改变旧的教育观念与方法，调动孩子学习的积极性和主动性，采用画图画、口算、猜谜语、讲故事、回答问题等方式，给孩子提出一些扩散性的问题，并鼓励他们迅速、灵活准确地回答出来。例如，在几分钟的时间内，说出某事物和其它事物的种种联系；说出解一道算术题的多种方法；说出某一物品的多种用途；说出一个词语的多种意思；编出符合某故事情节的多种结尾……当孩子的思维遇到障碍时，我们就给予必要的启发、帮助，不要使孩子感到过分为难，而影响其积极思考问题的情趣。常常教育孩子从各种不同角度去考虑问题，才能使孩子思路开阔、灵活，孩子创造性就可逐步提高。

此外，父母一定要注意孩子两种思维方式的有机结合。如果只注意扩散性思维的培养，就会使孩子产生过多幻想，得不到集中思维的帮助，幻想将成为空想，众多的创造性设想就无法付诸现实。

与此同时,父母还要教育孩子从小树立远大理想,有进取心,有自信心,勇敢创造。要能经得起挫折、失败的考验,具有坚强的意志和不达目标决不罢休的毅力。这样,孩子就会在成为"创造型"人才的道路上,留下一串串坚实的、令人振奋的脚印。

◇ 给孩子应有的自由

我们在前文一再提到过,孩子与父母是相互平等的个体,孩子拥有其天赋的自由。父母放不下孩子是出于对孩子的爱,这固然无可厚非,但这往往过多的限制了孩子自身的发展和其潜能提高。父母应该时刻提醒自己:在孩子的成长过程中,我们只是起着一个辅导性的角色,一定不要喧宾夺主,将孩子牢牢地握在自己手中,应该给予孩子应有的自由。

中国留学生高钢把9岁的儿子带到美国。当他把儿子送进那所离公寓不远的美国小学的时候,他的感觉就像是把自己最心爱的东西交给了一个并不信任的人去保管,终日忧心忡忡。

这是一所什么样的学校啊!学生可以在课堂上放声大笑,每天最少让学生玩两个小时,下午不到3点就放学回家。而最让人惊诧的是根本没有教科书。那个金发碧眼的女老师看了他的儿子带去的中国小学四年级的课本后,温文尔雅地说:"可以告诉你,六年级以前,他的数学不用学了!"面对她充满善意的笑脸,高钢就像挨了一闷棍。一时间,真怀疑把儿子带到美国来是不是干了一生中最蠢的一件事。

日子一天天过去,看着儿子每天背着空空的书包兴高采烈地去上学,高钢的心就止不住一片担忧。因为在中国,他从一年级开始,书包就满满的、沉沉的,从一年级到四年级,他换了3个书包,一个比一个大,让人感到"知识"的重量在增加。而在美国,孩子的书包却总是空空的,这能叫上学吗?一个学期过去了,高钢把儿子叫到面前,问他美国学校给他最深的印象是什么,儿

解放父母　解放孩子

子笑着送给爸爸一句美国英语："自由！"这两个字像砖头一样拍在高钢的脑门上。

此时，高钢真是一片深情怀念中国的教育，似乎更加深刻地理解了为什么中国孩子老是能在国际上拿奥林匹克学习竞赛的金牌。

不过，事到如此也只能听天由命。

不知不觉一年过去了，儿子的英语长进不少，放学之后也不直接回家了，而是常去图书馆，不时就背回一大书包的书来。高钢问他一次借这么多书干什么，儿子一边看着那些借来的书，一边打着微机，头也不抬地说："作业。"

这叫作业吗？一看儿子打在计算机屏幕上的标题，这位高钢真有些哭笑不得——《中国的昨天和今天》，这样大的题目，即使是博士，敢去做吗？于是，高钢严声厉色地问是谁的主意，儿子坦然相告：老师说美国是移民国家，让每个同学写一篇介绍自己祖先生活的国度的文章。要求概括这个国家的历史、地理、文化，分析它与美国的不同，说明自己的看法。高钢听了，连叹息的力气也没有，他真不知道让一个10岁的孩子去运作这样一个连成年人也未必能干的工程，会是一种什么结果？只觉得一个10岁的孩子如果被教育得不知天高地厚，以后恐怕是连吃饭的本事也没有了。

过了几天，儿子完成了这篇作业。没想到，打印出的是一本20多页的小册子。从九曲黄河到象形文字，从丝绸之路到五星红旗……热热闹闹。高钢没赞扬，也没评判，因为连他自己也有点发懵，一是看到儿子把这篇文章分出了章与节，二是在文章最后列出了参考书目。高钢想，这是我读研究生之后才运用的写作方法，那时，我已30岁。

不久，他的儿子的另一作业又来了。这次是《我怎么看人类文化》。如果说上次的作业还有范围可循，那么这次真可谓不着边际了。儿子很真诚地问自己的父亲："饺子是文化吗？"为了不误后代，高钢只好和儿子一起查阅权威的工具书。费了番气力，他们总算完成了从抽象到具体，又从具体到抽象的反反复复的折腾，儿子又是几个晚上坐在电脑前煞有介事地做文章，看到他那副专心致志的样子，做父亲的不禁心中苦笑，一个小学生，怎样去理解"文化"这个内涵无限丰富而外延又无法确定的概念呢？但愿对"吃"兴趣无穷的儿子别在饺子、包子上大作文章。

在美国教育中已经变得无拘无束的儿子无疑是把文章做出来了,这次打印出来的是 10 页,又是自己的封面,文章后面又列着那一本本的参考书。儿子洋洋得意地对父亲说:"你说什么是文化?其实特简单——就是人创造出来让人享受的一切。"那种自信的样子,似乎他发现了别人没能发现的真理。后来,小家伙把老师看过的作业带回来,上面有老师的批语:"我布置本次作业的初衷是让孩子们开阔眼界,活跃思维,而读他们作业的结果,往往使我进入了我希望孩子们进入的境界。"问儿子这批语是什么意思,他儿子回答:"老师没为我们骄傲,但是她为我们震惊。"儿子接着问他父亲:"是不是?"面对儿子的提问,高钢竟无言以对。他觉得这孩子怎么懂了这么多事?再一想,也难怪,连文化的题目都敢做的孩子还有不敢断言的事情吗?

儿子 6 年级快结束的时候,老师留给他们的作业是一串关于"二次大战"的问题。"你认为谁对这场战争负有责任?""你认为纳粹德国失败的原因是什么?""如果你是杜鲁门总统的高级顾问,你将对美国投放原子弹持什么意见?""你是否认为当时只有用投放原子弹一个办法去结束战争?""你认为今天避免战争的最好办法是什么?"……如果是两年前见到这种问题,高钢肯定会抱怨:这哪是作业,分明是竞争参议员的前期训练!而此时,这位高钢也能够平心静气地寻思其中的道理了。学校和老师正是在这设问之中,向孩子们传输一种人道主义的价值观,引导孩子们去关注人类的命运,让孩子们去寻找思考问题的方法。这些问题在课堂上都没有标准答案,它的答案有些可以需要孩子们用一生去探索。

看着 12 岁的儿子为完成这些作业兴致勃勃地看书查资料的样子,高钢不禁想起了他自己当年学二战史的样子,按照年代事件死记硬背,书中的结论明知迂腐也当成圣经去记,不然,怎么能通过考试去奔光明的前程呢?

由此可见,我们在追求知识的过程中,重复前人的结论往往大大多于自己的思考。而没有自己的思考,就很难有新的创造。

高钢的儿子在小学毕业的时候,已经能够熟练地在图书馆利用计算机和缩微胶片系统查找他所需要的各种文字和图像资料了。有一天,儿子和高钢二人为狮子和豹子的觅食习性争论起来。第二天,儿子就从图书馆借来了英国国家地理学会拍摄的介绍这种动物的录像带。高钢十分高兴地发现,他的孩子面对他不懂的东西,已经知道到哪里去寻找答案了。

第五章 把孩子从固定的角色中解放出来

解放父母　解放孩子

儿子的变化促使高钢重新去审视美国的小学教育。他发现，美国的小学虽然没有在课堂上对孩子们进行大量的知识灌输，但是，他们却想方设法地把孩子们的眼光引向校园外那个无边无际的知识的海洋，他们要让孩子知道，生活的一切时间和空间都是他们学习的课堂；他们没有让孩子们去死记硬背大量的公式和定理，但是，他们煞费苦心地告诉孩子们怎样去思考问题，老师教给孩子们面对陌生领域寻找答案的方法；他们从不用考试把学生分成三六九等，而是竭尽全力去肯定孩子们的一切努力，去赞扬孩子们自己思考的一切结论，去保护和激励孩子们所有创造欲望和尝试。

明眼人很容易看出，美国的这种教育方法，其重心就在于给了孩子们挖掘自我潜能的自由性。让孩子们独立地自发主动地去学习。这不仅不会给孩子造成什么压力，反而能让其更加努力的投入到"学习"中，学习不再是一种负担和责任，而成了一种兴趣和爱好，这也就难怪其效果会这么好了。

◇ 分数并不能说明一切

现在的父母往往把孩子的分数看得比什么都重要，回家对孩子说的话除了问成绩之外，几乎再没有别的了。只要成绩好，孩子一切都好；只要成绩不好，孩子一切都不好。父母的这种思维方式和评价标准严重地影响到了孩子的健康成长，他们背负了太重的学习压力，尤其是那些学习成绩不够理想，或偶然在考试中失手的孩子，迫于大人的压力往往不能正确地认识自己，从而导致自卑心理的产生。

针对这种现象，"知心姐姐"卢勤也给出了自己的看法：在这种急功近利的恶劣环境中长大的孩子，往往胸无大志，缺乏理想，计较得失，甚至心怀仇恨，很难与他人友好相处。的确，如果父母只重视孩子的考分而忽视对他们思想道德素质的培养，将会给孩子的成长带来不可忽视的负面影响。

一位正在上初三的孩子在他的日记中这样写道：

在很多父母看来,我的孩子只要成绩好,分数高,就是老师的眼中花,就会有高人一等的贵族血统。虽然这荒谬的理论没有丝毫的正确性,但父母却深信不疑,而我们与父母的隔阂往往就是在这里产生的。

我们要利用假期去打工,父母就会说:"现在不是赚钱的时候,影响学习";我们要去郊游,父母就会说:"一整天又荒废了,没法看书了";我们要去看电影,父母就会说:"现在的电影不适合中学生,别把时间耽误了";于是我们就假装说去学习,父母这次说"乖,别分心,抓紧时间"。可实际上,我们去溜冰了。

这样无奈的事实,能怪谁呢。父母和我们在同一个战壕里,我们又怎么忍心看他们为我们的学习日渐憔悴。我们努力地让老师表扬,让父母高兴。我好想说:"爸爸妈妈,我不想丢掉手中的画笔。"但我放弃了。为了父母的厚望,我放弃了许多梦想。于是,我与他们的沟通少了,我的书本多了,属于我自己的时间几乎没有。

直到有一天,我发现自己变得傻乎乎的,眼睛模糊了,戴起了厚厚的眼镜。我不愿再做沉默的羔羊。我要为赢得自由而战。随着时间的推移,战场被一条条深深的壕沟隔开了,这深深的壕沟,刻进了彼此的心里。从此,两代人便在这被壕沟隔开的同一片蓝天下生活着,心却离得越来越远了……

孩子的日记是多么的发人深省,又是多么的让人心酸,然而令人庆幸的是,生活中也有许多的父母并不"以成绩论英雄",他们善于发现孩子的优点,并鼓励孩子将这些优点充分发挥,终于获得了骄人的成绩。

笔者曾经接触过一位家长,由于他家孩子的数学成绩差,所以经常被老师找来谈话,可这位家长说,我儿子虽然数学成绩不是太好,但是他的作文却写得非常出色。主要原因是他除了大量阅读之外,在日常生活中还注意细致观察。有一次,我带儿子和他的同学一起到公园玩,我注意到在玩的过程中,我儿子所提的问题总是很多,观察事物也非常仔细。

印度洋发生海啸,我一直以为这是大人所应当关注的事情,从来没有想到过给孩子讲这些。直到有一天我和儿子的姥姥在电话里讲起这件事,姥姥问海啸是怎么回事时,我想也没有想就说,谁知道啊,大概就是天灾人祸吧。

解放父母 解放孩子

不料儿子马上接过电话说,姥姥,海啸是因为在海里面发生了地震造成的,然后便有板有眼地给姥姥仔细地做了分析。我惊奇于儿子对事情的观察和思考能力。后来,儿子还写了一篇关于海啸的作文,在《北京晚报》上发表了,慢慢地,随着学习兴趣的提高,他的数学成绩也变好了。

这位父亲的做法值得称道,对父母来说,成绩并不是最重要的,重要的是要看到孩子的闪光点。成绩并不能代表一切,只能说明某一方面。而父母要培养的也并不是考试机器,而是心智健全、善良美好的人。当孩子的心理承受力还很脆弱的时候,对于他身上优点、长处的发现和肯定,对孩子极其重要。所以,父母一定要把一种健康的观念传达给我们的孩子,使他们健康快乐地成长,成为一个真正对社会有用的人。肯定孩子好的地方,他只会越来越好,而不会越来越坏。尤其对那些长期被单一的成绩标准压得喘不过气来的孩子,这种肯定将会对他的一生都产生影响,他会获得自信,他对自身和他人的判断也会变得丰富、全面。

也许你的孩子将来不会有高薪优职,不是所谓的"社会精英",那又有什么关系呢?社会就是由不同特点的人组成的,每个人都有自己的一方天地,他会开拓他自己的世界。一个人若有快乐安静的人生,你就不能说他的人生是不富足的。而一个长期被认为一无是处的孩子,他的内心在受到粗暴践踏的同时,会产生怎样的扭曲,滋长怎样危险的心理,那才是真正值得忧虑的。

孩子做错事，父母怎么办

解放父母 解放孩子

◇顶嘴：正确沟通，要说服而不压服

很多父母都发现这样一个现象：随着孩子逐渐长大，他们不再像以前那么听话，与父母顶嘴的现象常会发生。

洋洋今年7岁了，嘴巴越来越厉害，大人说一句她能回十句，爸妈都被她气得没办法。

一天晚上，她到邻居家和小伙伴玩。该吃饭了，爸爸要她回家，可她玩兴正浓，怎么也不肯回家。爸爸没办法，只好强行将其抱回家。回家后她大哭不止，反复说一句话："为什么我要听你的，为什么你们大人就不听我的？"

饭桌上，爷爷好意给她夹菜，说："好好吃饭，以后洋洋要上大学的。"洋洋却撅着嘴："上什么大学，有什么好上的。"妈妈接过话茬："不上大学将来怎么有饭吃？"洋洋："回家吃好了。"妈妈："以后妈妈老了，不会挣钱了，家里没吃的。"洋洋："那你不是还没老嘛？外婆家有吃的。"妈妈："到时候外婆更老了，活都干不动了呀！"洋洋："那太婆（外婆的妈妈）都70多了还在干活呢！"说完还白了妈妈一眼。

究竟是什么原因让孩子这么喜欢顶嘴？其实答案很简单：顶嘴只是孩子表达自身判断的一种方式，父母不妨试着站在孩子的角度看看他们顶嘴的理由，那么就能轻易地理解孩子为什么要顶嘴了。

总的来说，孩子顶撞父母不外乎以下几种原因：

一、父母不考虑孩子的意愿，独断专行

如孩子看卡通片正看的入神时，让他立即停下来去做作业；孩子不愿学画，父母硬要他苦苦练习等等。于是，冲突便在所难免。

二、父母与孩子缺乏有效的沟通

有些父母一味采用家长制的教育方式,容不得孩子有半点不同意见。然而随着孩子的长大,孩子逐渐表现出自己的独立性,便会觉得父母对自己的行为干涉太多,就容易与父母发生争执。

三、父母平时过于溺爱孩子

过于溺爱往往会使得孩子缺乏约束,不懂礼貌,在长辈面前我行我素,而父母又未能及时纠正孩子的这种行为。等到孩子的坏习惯已经养成,要纠正就比较困难了。

四、父母自己不能以身作则

父母平时在家中不注意自己的行为,往往为一些小事而互相争吵,这会对孩子产生潜移默化的不良影响。

随着孩子年龄的增大,他们的独立性就会逐渐显露。这时如果父母采用不太合理的管教方法,势必会使孩子产生逆反心理。这样不仅不利于孩子的学习和成长,而且会影响孩子将来的人际关系。那么遇到孩子顶嘴的情况,父母具体应该怎么办呢?

一般情况下,父母可以按这几个步骤来解决孩子的顶嘴问题:

一、寻找孩子顶嘴的原因

一旦发现孩子有顶嘴的习惯,父母就应认真分析原因,不要轻易责备孩子。不讲方式、不分场合地批评孩子是一些父母的通病。有些批评十分尖锐,却不完全正确,结果伤了孩子的自尊心,使孩子埋怨,甚至记仇。所以批评孩子前先要弄清缘由,不要乱批评。需要批评时,要注意语气、场合和方式。批评时要循循善诱,使孩子心甘情愿地接受。面对孩子的困难和挫折,要真心帮助解决。这样,孩子就没有理由再与你顶嘴了。

二、多与孩子沟通,了解孩子的想法

父母应多与孩子谈心,多与孩子沟通,了解孩子在想什么,喜欢什么。

父母同子女之间的关系是通过对话形成的。因此,父母最需要主动注意

解放父母 解放孩子

且虚心地倾听孩子的话。父母要善用商量口吻与孩子对话,尽力理解孩子的感情和想法。不要有"我是大人""我要教育你"或者"要树立权威"等想法。即使孩子的话可笑或者是错误的,父母也要认真地听下去,用心体会孩子的感受。

三、同孩子说话一定要有耐心

不少父母在同子女沟通时,矛头往往直指孩子,如:"你怎么怎么……所以不对。"这样很容易引起孩子的反抗心理。当孩子说"我在学校受到了批评"时,父母不要马上问:"你又犯了什么错误?"而应表示同情地说:"怎么不高兴了?"待孩子说明了详细情况后,再通过对话,寻找使孩子反省和解决问题的办法。

四、千万不要说伤害孩子的感情的话

在解决孩子的顶嘴问题时,父母还要注意对话方式,因为方式不同,效果也不同。表达同样的意思,可能使孩子喜欢听,也可能刺激和伤害孩子的感情。

总之,只要父母从爱护孩子的角度出发,站在孩子立场上考虑和理解孩子,并注意沟通的方式,孩子慢慢地就不会再和你顶嘴了。

◇ 说谎：善意诱导，对症下药

说谎是一个很坏的毛病，会对我们生活产生巨大的危害，而说谎的毛病一旦形成，便很难改掉。所以，父母有必要引导孩子从小说真话，一步步养成说真话的好习惯。

现实生活中，我们不难发现这样一个现象：几乎刚会说话的孩子就已经开始撒谎，有时可能更早些。孩子在成长初期，看不出自己言行之间的直接关系，对他们来说，行为远比语言重要得多，而语言都是模糊的，是有多重含义的。

如果孩子一旦有了说谎话的毛病，父母切忌将此视为品行问题，大动肝火。我们应该认识到，孩子的谎言与成人的谎言有本质上的区别。孩子的谎言，大多是把内心想象的事物和现实中的事物混同起来。特别是小朋友在一起时的"吹牛"更是不着边际，许多话都是无知的语言，不必介意。比如，"我爸爸带我去动物园见到一个蚂蚁比皮球还大"等。这些都是孩子们的想象。

当孩子慢慢长大后，他们会认识到故意说谎而误导别人是错误的，当他们发现父母、兄弟姐妹或朋友欺骗自己时，会非常愤怒。他们逐渐开始区分谎言的类型和轻重的程度。

著名的哲学家罗素说："孩子不诚实几乎总是恐惧的结果。"孩子说谎并不可怕，可怕的是面对孩子的谎言，父母听之任之，任其发展。当然，父母想要控制孩子的说谎，培养孩子的诚实，也的确是件不容易的事。

那么，应该怎样杜绝孩子说谎呢？父母需要做的是：

一、不要恶语相向

切忌用"那么小就骗人，长大必然学坏"，"你在说谎"，"你骗人"这些糟透了的语言，因为这些话很容易使孩子幼小的心灵受到伤害，并因此产生"我是骗子"的想法，进而产生自卑心理。

解放父母 解放孩子

二、找到孩子说谎的原因

如果孩子到了能够分辨是非的年龄仍然说谎，父母应找出原因。孩子说谎的原因，许多心理学家都给出了答案。概括起来有如下几种：

(1) 说谎有时比说真话更能免受处罚

大多数父母认为，孩子主要是因为不知道撒谎的严重后果才说谎的。事实上，孩子说谎有时是因为说了真话反而受到了惩罚。

(2) 出于无奈而撒谎

许多父母可能无法接受，但孩子撒谎有时的确是因为父母逼的。父母应该知道孩子也有沉默的权利。如果非要逼孩子说出真相，孩子就只能说谎了。鉴于这种情况，可以给孩子一定的缓冲，等大家都心平气和了，再让孩子主动把事情的真相说出来。

(3) 为了讨父母欢心而撒谎

著名发展心理学家皮亚杰博士发现，4岁以下的孩子判断自己的言行是否正确的标准，通常是看爸爸妈妈脸上的表情。为了不让爸爸妈妈生气，他们最本能的反应就是不承认自己所做过的错事。

三、父母要以身作则

做到对孩子言而有信，说到做到，起表率作用，千万不要欺骗孩子。并注意对孩子的诚信教育，多给孩子讲一些诚信方面的故事，强调做人要以诚信为本。

四、要让孩子有安全感

孩子之所以说谎很多时候都是因为需要安全感，如果父母能够给孩子安全感，孩子就会诚实起来。

五、不要给孩子施加心理压力

父母对孩子存有过高的期望，会给孩子增加压力，导致孩子说谎。因此，父母对孩子的期望值要合理，不要希望他们做出超出自身能力的事。父母要以宽容之心对待孩子，经常与孩子倾心交流，减少孩子的心理障碍，做孩子的知心朋友。

总而言之,当孩子说谎时,父母正确的做法是去分析、研究,找出孩子说谎的原因,对症下药,进行善意的引导和教育。在孩子的成长过程中,有一个能保护和培养孩子说真话的父母,孩子就会自然而然地养成说真话的好习惯,长大后也一定会成为一个很正派、很真诚的人,并且会受到人们的欢迎和尊敬。因为只有一个人说真话,相信别人,对生活有信心,才会问心无愧地面对各种事情,也才会得到别人的信任和理解。

◇ 说脏话:除去脏话对孩子的吸引力

在 6~12 岁的孩子身上,你常会有一个令人震惊的发现,那就是"脏话的魔力"。说它令人震惊,是根据家长们的感受,你可以想象一下,当你听到自己一向甜美、纯洁的小宝贝口出秽言时,你所表现出的是何等的震惊。

要想重新洗净孩子的嘴巴,对他带回家的那些脏话不要过度反应是最好的方式。首先,确认一下孩子是否了解自己口中所说的话的真正意思。让他自己解释,在使用那些脏话时他想表达什么意思,而这些脏话是否能正确表达他的意思。

简而言之,将脏话的魔力——模糊的吸引力,从孩子心中除去,让他知道,你很愿意随时和他讨论脏话,或者是好话。

(1)问题的预防

①了解孩子的交友状况。孩子总是会有几个爸妈不太喜欢的朋友,例如爱说脏话的朋友。由于你不可能控制孩子所有的交友状况,因而不如选定几个比较让你担心的对象,规定孩子:如果要和 XXX 玩,就请他到家里来。这样,就能比较深入地了解并掌控他们的互动情况。

②订立说脏话的规则。和孩子分享你对语言或词汇的看法很重要。当孩子说脏话时,问问他对自己说那句话的感觉:"你说那句话时有什么感觉?有哪些其他的话可以表示同样的感觉?"最后,提醒他在家里说脏话的影响。确

解放父母 解放孩子

切地让孩子知道,你爱他,可是不喜欢他说脏话。

③和孩子讨论如何说话。孩子应该学习在这个社会文化中,哪些用语是被接受的,哪些是带有侮辱性的。因此,当孩子问到某些用语时,详细解释给他听,让他明白为什么某些用语不被接受,如果说了会造成什么后果。

④以身作则。父母本身习惯使用适当的言语,孩子听惯了自然而然也会照着用。设计一张表格,将适当和不适当的词语并列。教导孩子分辨、学习不同的词语所代表的意义,若他使用适当的词语就赞美他。

(2)可行的方法

①弹性疲乏法。若孩子使用无礼的字眼,罚他不停重复同样的字眼五分钟。他很快就会对那个字眼失去兴趣,懒得再说它。如果他拒绝照你的话做,不肯重复五分钟,告诉他,在处罚完成前不准做其他的事情。

②赞美。如果孩子在可以使用脏话时,选择用更恰当的语言表达方式,你一定要记得赞美他的自我控制能力。赞美,会让孩子更有信心使用适当的语言来表达自己的意思。

(3)禁忌的方法

①不要震怒或恐慌。孩子很喜欢有力量的感觉,如果你对他的脏话反应过度,他反而会觉得自己很强。保持镇定,不要让愤怒影响你,以免孩子用脏话来控制你。

②不要严刑峻罚。用肥皂水洗孩子的嘴巴,可以清洁他的口舌,却洗不掉他说脏话的习惯。如果你采取类似的方法,例如打、骂、威吓,孩子只会学到不在你面前说脏话,其他时候就很难说了。

10岁的山姆在自己家附近和学校里恶名昭彰,人人叫他"脏话大王",他觉得这个绰号听起来很威风,好像自己已经是大人了。

终于,这个绰号传进了山姆爸妈的耳朵里。他们又震惊又尴尬,于是,在山姆回到家后,命令他坐下,狠狠地训了他一顿:"你知不知道当我们听到你对邻居讲的那些话时我们有多丢脸!难道你自己一点也不觉得羞耻吗?现在你有什么话说?"

山姆不知道该说什么,于是爸妈就用最传统的方式惩罚他——用肥皂水洗他的嘴巴。他们把肥皂塞到山姆嘴里,罚他坐着不许动五分钟,以为这样就可以让他远离脏话了。

然而，山姆是"脏话大王"的传言还是不断。虽然没有大人再度听到他讲脏话，可是其他的孩子都出来指证，并向他们的家长告状。

山姆的爸妈知道他们必须彻底改掉山姆说脏话的坏习惯了。他们记得，山姆小时候最爱吃热狗，几乎餐餐都吃。有一天，他偷偷爬到冰箱里吃掉了一整包的大热狗，从此以后，就再也不肯吃热狗了。

他们决定要用同样的方法戒掉山姆说脏话的习惯。为了让山姆知道哪些字眼很粗俗不雅，他们列了一张表，上面记载了各种"禁止使用的词语"。过了不久，山姆的爸妈又听到他说了表上的某个字眼，妈妈就说："看样子你很喜欢那个字。现在，我要你坐在这里，大声、清楚地说出那个字，连续说五分钟不准停。"

"我不要！"山姆不满地说，然后坐在妈妈指定的椅子上，双手抱胸，嘴巴闭得紧紧的。

妈妈平静地回答："好吧。随便你。你可以选择不说话一直坐着，或照我说的，连续说五分钟，然后去做你想做的事。你自己决定。"

山姆闷不作声地坐了一会，爸妈听到他开始说那句脏话。

这个处罚方式后来又进行了好几次。最后，山姆觉得说脏话太不划算了，就开始小心地选择自己说话的字眼了。

◇ 爱发脾气：切忌简单粗暴

在孩子的成长过程中往往会表现出一些极端性格，比如，小孩子往往目中无人，以自我为中心，无理取闹，做什么都为自己着想，从不考虑别人的感受；不如意就发脾气、哭闹等。由于孩子性格的可塑性，常常会表现出没有主见、性情随环境而变，或是在一些非正式群体的活动中搞"哥儿们义气"等，这一切都是孩子不成熟的表现，我们有责任引导他们冷静地对待生活，潜移

解放父母 解放孩子

默化,帮助孩子纠正"爱发脾气"的坏习惯。

孩子发起脾气来,喜欢大哭大闹,在地上撒野,令父母束手无策。有些父母为了节省时间,或一时心软,又或许正身处公共场所,为了保存颜面、仪表,便依了孩子的心意去做,这样往往助长孩子发脾气的习惯,而且孩子也就学会如何控制父母的方法。

无疑,每一个人都有自己的情绪,孩子也有生气的权利,问题在于如何引导孩子去正确表达和发泄自己的情绪。每当孩子发脾气时,最好是先了解原因,加以合理处置,如发现孩子表达方式不对,应作出指正。

孩子发脾气的原因不外乎下列几种:

一、为了达到目的

孩子哭闹,往往为了获得喜欢的事物,或对父母作出一些要求。

对于这种情况,父母首先要衡量孩子的要求是否合理。例如父母答应了孩子今天去海洋公园,却又临时取消,这种情况下,孩子的要求是合理的,为了保持父母的信用,应立即作出行动,如果实在不能即时行动,便应答允孩子下星期再去,现在以其他东西补偿。

如果孩子的要求不合理,例如出门前大家已商议好今天只逛街,不买玩具,但到了玩具店,孩子仍然固执要买,父母也只好直接作出答复:"我们已作好协议,无论如何,我们今天是不买玩具的。"然后带孩子离开现场,以免对别人造成滋扰。

在引导孩子的过程中,父母态度要慈爱,立场要坚定。玩具完全可以改天再买给孩子。

二、逃避责任

孩子犯了错,惟恐父母责罚,很可能会放声大哭,企图以哭声掩盖父母的注意力。父母措手不及时,不妨请他替自己的行为负责任。例如孩子不慎把汤弄洒了,就大哭起来,妈妈可以说:"汤洒了把它擦干就好了,不要哭,下次要小心啊!"然后协助他抹好桌面。

三、吸引父母注意力

当孩子一个人独处时,很想父母陪伴自己,但爸爸上班了,妈妈在厨房工作,以致冷落了孩子,这时,他便会用大哭大闹、乱发脾气来吸引妈妈的注意。如果可能的话,最好陪孩子玩一会,然后告诉他父母要工作,待会再陪他玩。对于孩子经常性的撒娇,父母大可以让他自己安静下来。

四、受父母的脾气影响

如果父母本身也是性情暴躁,动不动吵架,孩子的脾气便也好不到哪里去。此外,父母的管教态度不一,令孩子难以适应,或常常找孩子出气,也是使孩子爱发脾气的原因之一。

当孩子年纪渐长,父母要告诉他们学会控制自己,改用别的方法向别人述说自己的感受,不要动不动就大吵大闹。只有做到这样,才能有良好人际关系。

要改变孩子发脾气的习惯,父母必须为其建立一个安静的环境与氛围。

父母应该有意识地加强自身的人格修养,心平气和地处理事情,特别是当着孩子的面更需心境平和,处事大度。孩子在安安静静的家庭环境中会逐步受到熏陶。

孩子的朋友伙伴,对孩子健全人格的形成是不可忽视的。父母应尽可能地向孩子推荐或者帮助孩子选择一些性情比较平和的友伴,支持他们的交往,使孩子在这样的群体氛围中逐步潜移默化,改变发脾气的习惯。

专家曾经建议一些孩子的父母,结合日常生活进行一系列"磨性子"的活动。例如,让孩子参加学校或校外的书画兴趣小组,在书画练习中陶冶性情;让孩子和妈妈一起剥毛豆,理韭菜,参加诸如此类的家务劳动,在劳动过程中培养耐心、毅力;双休日时,与孩子一起进行登山、远足等活动,磨炼孩子的意志,增强孩子的自我控制能力。许多实践证明,这些活动实施一年之后,有发脾气习惯的孩子都有了不同程度的改正,发脾气行为的发生率也明显降低。

此外,对孩子的发脾气行为不要过多责难,更不要实行体罚。那样做,效果只会适得其反。父母要把目光更多地放在孩子身上,把赞扬的话语、赞许的笑容更多地投向孩子平和的行为上,让孩子在不自觉中将其注意力移向好的方面。千万不能让孩子时时提心吊胆,总是担心自己又做出激烈的为父母所讨厌的行为。要知道,越是提心吊胆,越容易出格,越容易发脾气。

解放父母　解放孩子

◇ 逆反：以尊重为前提，平和对待

逆反是青春期的孩子一般都有的心理特征，只是程度不同而已。父母应该明白，如果对待青春期的孩子，还像是对待小孩那样，自然会产生矛盾、对立与冲突。

布莱恩自从上了初中以后，开始与妈妈唱反调，妈妈说东，她偏说西；妈妈说这样，她偏说那样。一天，她做作业时，手中总在玩笔，妈妈就对她讲：你这样玩笔耽误时间，分散注意力。不说她还好些，妈妈一说她，她反倒玩得越来劲儿。有时，她在做作业时，一见妈妈进屋，就马上玩起笔来，把她妈妈气得没办法。

布莱恩表现出来逆反行为让她妈妈很生气，也很失望，觉得原本很听话的孩子不知是什么原因竟变成现在这个样子，这令布莱恩的妈妈非常苦恼。其实布莱恩存在的问题主要是她存有逆反心理，这是许多进入青春期的孩子都存在的一个心理问题。

青春期的孩子是由小孩走向成人，由对父母的生活依赖逐渐走向独立的时期。孩子进入青春期后，自我意识和独立能力得到了进一步的增强，从孩子主观意愿上来说，一般都想自己管理自己，自己来处理自己的事情。父母一旦在有关孩子的事情上说长道短，指手画脚，孩子就会产生厌烦和抵触情绪，于是就显得越来越没有小时候听话了。以上就是青春期孩子形成逆反心理的主要原因。

事实上，对于青春期孩子的逆反心理，父母不必太过于着急和苦恼。父母不妨改变一下对青春期孩子的教育方式，不要按照旧有的命令式的教育方式，而应采取商量的态度来处理问题，做到既不放任自流，又要细心诱导。

这样,孩子才容易接受和采纳父母的意见和善意的批评,消除逆反心理。

为了避免因逆反心理而与孩子产生冲突,父母应该做到以下几点:

一、尊重孩子

对待青春期的孩子,父母特别要注意让孩子有与家长同等的发言权,同等的表述自己的看法的机会,不能什么事都由父母说了算,不许孩子表述自己的看法。否则,孩子的逆反心理就会加重,凡事都想与父母对着干。

二、了解孩子

青春期孩子的生活范围会不断地拓宽,他有他生活的伙伴,有他生活的圈子。父母在充分了解孩子情况的基础上发现孩子有做得不当的地方要采取商量的态度,讨论的方式,交流看法,事事清楚又通情达理,这样孩子是会接受父母的意见的。父母要避免不分青红皂白的处理孩子的问题,这样只会加重孩子的逆反心理。

三、树立孩子的自信心

父母对于青春期孩子处理问题中的积极方面要给予充分的肯定,在这个基础上来与孩子讨论怎么进一步完善处理事情,孩子是容易接受的。如果父母见孩子有些地方做得不妥,上来就是劈头盖脸的一通批评,完全否定孩子的做法,不但容易激起孩子的对立情绪,产生逆反心理,还容易使孩子失去自信,导致自卑。

当与孩子在某一问题上出现争执时,父母要学会倾听孩子的意见,并向他提出忠告,用恰当的方法解决矛盾,这样就可有效地防止孩子逆反心理的产生。

解放父母 解放孩子

◇ 早恋：正确引导，不要回避青春期教育

早恋是父母在教育孩子过程中经常碰到的一个棘手问题，父母也经常因此而与孩子产生冲突。要想处理好这个问题，父母就应该认识到在孩子的成长过程中，早恋是必然（生理发展）与偶然（机会相遇）的结合，属于正常（生理发展的必然）中的不正常（不能控制，过早发生）。

父母应该如何对待孩子的"早恋"问题，教育专家给出了两点具有建设性的意见：

第一：不宜夸大性质，大惊小怪，以免伤害孩子的自尊心。

第二：不能粗暴干涉，"支持和指导"是唯一的选择。在处理早恋问题时，放任与强行阻止，其结果都是殊途同归：影响学习、影响成长。晓之以理、动之以情、转移、诱导才是合乎规律的对策。

以下几种对待早恋方法，在经过实践运用后，证明是行之有效的，父母们不妨作一参考和采纳。

一、耐心细致的教育，避免孩子产生思想压力

由于孩子的身心发育差别较大，又都处于性敏感期，故对早恋者的教育不宜采取在家庭集体中公开批评或不点名暗示批评，因为这种方式易给孩子造成无形的思想压力，进而产生消极抵抗心理，导致亲子关系紧张而无法进行深入细致的教育工作。例如：有一天，某位家长帮孩子清理房间时，突然发现课桌边有一张折着的纸屑，捡起来一看，就发现一张恋爱信，内容写得不多，但体现了一些很暧昧的东西。这位家长便留了心，把它放在口袋里。事后他私下找孩子谈心，并没有责骂孩子，而只是细心地讲解，讲清做人的道理，如何正确对待双方的早恋问题。结果，孩子的早恋问题最终得到完满的解决。所以说，父母对早恋孩子的教育应从关心孩子、爱护孩子出发，以真诚平等的、循循善诱的个别谈心为基本方法，进行耐心细致的教育。

二、正确引导早恋孩子认识到早恋的危害

父母应该选择在彼此了解、信任的融洽气氛中,向孩子讲明早恋的危害和青少年对恋爱的正确态度,让他们明确青少年时代是学习的黄金时代,是为一生事业打下基础的时候,此时分散精力去谈情说爱,势必影响学习和身心健康,阻碍自身成才;而且,爱情要求当事人对自己、对他人、对社会负责,作为经济上不独立,精神和人格尚未成熟,事业上未定局,个人兴趣、爱好、理想还可能有很大变化,未来人生道路还会遇到许多曲折的未成年,没有条件、没有能力处理这些关系人生命运的大事,只有自觉走出个人狭小的情感圈子,投入到集体中,充分利用这大好时光,努力学习,才能早日成才。

三、指导孩子充分发展自我

要想让孩子彻底地走出早恋的情感误区,父母还必须帮助他们充分发展自我,完善自我,寻找自己的目标。要做到这一点,父母应了解早恋孩子的特点,发现学生的特长爱好,培养其兴趣,让其在集体中充分展现自我特长,发现自身价值。

总之,孩子的早恋就像一道严肃、复杂的考题,作为父母一定要掌握一套妥善、有效的处理办法,引导孩子度过早恋的危险期,为孩子的未来代交一分合格的答卷。否则,不但容易与孩子产生冲突,还容易使孩子走向歧途。

第六章 孩子做错事,父母怎么办

解放父母　解放孩子

◇网瘾：合理疏导，培养孩子的自控力

孩子的天性之一就是具有强烈的好奇心、爱玩，在这个网络异常发达的时代，网络聊天、电脑游戏等成了很多孩子的最爱。其实，不用说孩子，对成年人来说，网络的诱惑力也是非常大的。

对于孩子上网这件事，父母一定要慎重对待，如果孩子是上网查资料或者学习一些有益的知识，那自然是好事情，但如果是为了玩游戏、和网友聊天或者是另外一些不健康的目的，那父母就得慎重对待了，要注意千万别让孩子玩上了瘾，一旦形成网瘾会给孩子带来很大的危害，网瘾会让孩子迷失方向。

香港著名心理学家岳晓东博士曾在一次讲座上忧心忡忡地大声疾呼："现在多少孩子打游戏就像抽鸦片，去网吧就像去当年的鸦片馆，网络成瘾破坏孩子的身体健康、心灵健康，造就的是社会负担。如果放任自流，不加干预，青少年网络成瘾即将带来的社会危害绝对不亚于第三次鸦片战争！"

这绝对不是岳博士的危言耸听。据中国青少年网络协会提供的数据，目前，城市上网小学生比例为25.8%，初中生为30%，高中生为56%。据统计，患网瘾的青少年网民高达10%-15%，网络这把"双刃剑"正在无情地吞噬着青少年的身心健康。为上网而逃学、离家出走、抢劫甚至猝死网吧的事件也屡屡发生。面对孩子上网成瘾，有些父母非打即骂，结果却导致孩子自暴自弃，有些父母企图用眼泪感化孩子，却收效甚微。

那么网瘾对孩子有那些具体危害呢，父母又该如何帮助孩子摘除这个毒瘤呢？

先来看网瘾的危害：

一、网瘾对孩子的身体健康有严重的影响

孩子过多地玩电脑，会引起颈椎病，会导致孩子的视力下降、目光呆滞、

听力下降等。更严重者,会觉得头昏眼花、疲乏无力、食欲不振等。这一切都是孩子长时间玩电脑所引起的。

二、造成孩子情感淡漠

有网瘾的孩子对网友如胶似漆,相比之下对有血肉联系的亲人则显得冷漠和疏远。有网瘾的孩子情绪低落时也不向家人和朋友表露,把情绪隐藏起来,转而在网上倾吐和宣泄。另外有网瘾的孩子由于家人对其上网的限制而与家人时常发生冲突。

三、网瘾产生了极坏的社会影响

有的孩子为了上网,去偷甚至去抢低年级学生的钱,偷家长和老师的东西拿去变卖。有的甚至因为家长不给钱,把家长打得遍体鳞伤,给社会带来极坏的影响。

四、网瘾对家庭也有一定的影响

孩子的精力都在网络上,学习成绩急剧下降,家长担心、忧虑,却无计可施。有的父母会因子女上网成瘾相互埋怨造成感情不和,甚至离异。

以上是网瘾对孩子的危害,再了解这些以后,我们再来看看父母应该采取怎样的措施才能有效地帮助有网瘾的孩子。

一般来说,父母应注意以下几个方面:

(1)让孩子正视电脑的用途和危害

要告诉孩子电脑的真正用途,必要时可以专门请一位专业人士为孩子做指导。另一方面,父母要让孩子明白,长期处于网络里会使人迷失于虚拟世界,自我封闭,与现实世界产生隔阂,严重影响学习,使孩子正确认识网络对身体健康的危害。

(2)监督孩子的上网时间,为孩子制定上网计划

孩子的自控力一般较差,往往容易沉溺于网络而不能自拔,因此,父母就要严格地监督孩子的上网时间。父母可以给孩子制订严格的上网计划,让孩子逐渐成为网络的主人,而不仅仅是依赖于网络。在时间的控制上父母要正确地引导孩子,耐心地给孩子讲解把握上网时间的重要性。

解放父母 解放孩子

(3) 培养孩子良好的上网习惯

俗话说:"习惯成自然。"从一开始就要培养孩子良好的习惯,让孩子能够在无人监管的情况下自觉下线,自觉地脱离电脑。当然,孩子的自控能力大都比较差,这就需要父母从制定计划开始,耐心地教导孩子,帮助孩子提高自制力。

(4) 让孩子学会带着任务上网

父母要让孩子明白,上网应当是一种学习方式,既是课堂上学习的补充,又是课外视野的扩展。每次上网前都应该有明确的学习目标,或是制作网页,或是查找资料,或是探讨问题……孩子有了明确的目标和任务,上网时就会专注于自己的目标和任务而不至于迷失自我了。

◇ 当父母错了:真诚地向孩子道歉

父母做了错事,不妨大胆地认错。既然孩子犯了错,要向父母认错,要弥补过失。那么作为孩子的榜样,父母就更应该这样做了。

来看一位母亲的经历:

在我女儿会说五字句以后,她已经很会跟我们争论了,有时候还真不是她的对手。记得有一次我不小心用手肘撞了她一下,她就撅起她的小嘴巴:"妈妈,你撞到我了!""我不是有意的!""但是你真的撞到我了,这里,很疼!"她不依不饶的说。"我真的不是有意的"当我看到她委屈的眼神时,赶紧说:"不好意思,对不起!""来,妈妈给抱一下!!"说完,就抱了一下她。她就不再闹了,还冲我说:"妈妈,我不疼了!呵呵"这小家伙!!

这位母亲的做法值得称道。父母在孩子面前做错事了,应该及时承认错误,这样才能给孩子起到一个以身作则的榜样,对孩子的教育也可以说是立杆见影的。

有位家长曾向一位教育专家提出过这样一个问题:"大人犯了错误,面对孩子,应该怎样解释呢?比如说,孩子做了一件错事,我知道了就责备他,骂他。可后来我发现错怪了他,但没有勇气向孩子承认错误,这一点让我们大人很难办。"

这位专家回答道:"大人也有犯错误的时候,大人也要实话实说。如果能对孩子说一声:'对不起,我错怪你了!'我想,孩子是会非常感动的。有时,家长老是放不下架子,觉得自己是大人,怎么可以随便向孩子说'对不起'呢!我倒是觉得,我们跟孩子可以建立一种朋友的关系,有来有往,谁做得不对谁就认错。这样,反而显得大人很光明磊落,在孩子眼中也很有分量。那些只知道修饰自己的人肯定是很虚弱的人。"

孩子犯错误,父母教训,这是天经地义的事情。而父母做错了,孩子来教训,显然就是大逆不道了。因为"天下无不是的父母",就算父母犯错误,做子女看到了,也只能是睁一只眼,闭一只眼,这是常人眼里符合常规的人性!这种隐性的规则导致很多孩子在父母犯错时不能主动的指出,更别奢谈去批评父母,指正父母的错处了,而这就导致了孩子对父母产生置疑,进而对父母教育自己的理论产生置疑,如此下去,孩子早晚会对父母产生不信任感,逐渐疏远父母。所以说,父母犯错时,应该主动地承担。"人无完人",谁都免不了会有过失。我们总不能像蜗牛一样,把所有的错误都装进一个大壳子里,天天背着,那有多累啊!其实,大人做了错事,也应该像孩子一样大胆承认并立刻改正。丢掉面子,丢掉错误,轻装上路,那有多轻松啊!

解放父母　解放孩子

◇ 以奖代罚，包容孩子的错误

孩子犯错是一件难以避免的事情，父母在遇到这类事的时候，不应该只想着怎样批评孩子，相反，在有些情况下，父母如果能尝试着以宽广的胸怀去包容孩子，那么孩子就有勇气去承认错误，改正错误。

大教育家陶行知先生在育才学校当校长时，发生过这样一件事：

一次，陶行知先生在校园里看到男孩王友用泥块砸自己班上的男生，陶行知当即喝止了他，并让他放学后到自己的办公室去。

放学后，王友早早站在校长室门口准备挨训。陶行知走过来，一见面却掏出一块糖果送给王友，并说："这是奖给你的，因为你按时来到这里，而我却迟到了。"

王友惊愕地接过糖果。随后，陶行知又掏出一块糖果放到他手里，说："这第二块糖果也是奖给你的，因为当我不让你再打人时，你立即就住手了，这说明你很尊重我，我应该奖你。"

王友更加惊愕了，他眼睛瞪得大大的，不知道校长想干什么。

陶行知又掏出第三块糖果放到王友手里："我调查过了，你用泥块砸那些男生，是因为他们不守游戏规则，欺负女生；你砸他们，证明你很正直善良，且有跟坏人作斗争的勇气，应该奖励你啊！"

王友感动极了，他流着泪后悔地说道："陶……陶校长，你打我两下吧！我砸的不是坏人，而是自己的同学啊……"

陶行知听了王友的话，满意地笑了，随即他掏出第四块糖果递给王友，说："为了你能正确地认识错误，我再奖励给你一块糖果，只可惜我只有这一块糖果了。我的糖果完了，我看我们的谈话也该完了吧！"

陶行知校长的教育方法实在太高明了！他用以奖代罚的方法触动了孩子的心灵。"亲其师，善其道。"当一个孩子被师长宽阔的胸怀所包容时，他内心产生的是深深的感激和强烈的震撼，那将会使他终身难忘。在这种情况下，不必"批评"、不必"指责"，孩子自己就已经心悦诚服地知错了。

事实上，在现行教育体制下，陶行知先生"包容学生"的教育思想已得到了广泛传播和弘扬。

北京光明小学刘永胜校长就提出了"无错原则"的教育思想。他要求每个老师都认识到，学生是正在成长的尚不成熟的个体，要以科学的态度对待学生在学习中可能出现的各种错误，要从发展的角度发现和理解这些"错误"在某个方面的价值。要允许、容忍学生的错误，进行延迟反应，将重点放在弄清出现错误的原因与改进上。为此，刘校长提出，在课堂上"不让敢于发言的学生带着遗憾坐下""让每个积极发言的同学都画上满意的句号"。

该学校的许多老师合理地运用了"无错原则"，只要学生思考了，无论答案如何，都不批评。这样就使学生在课堂的学习活动中有了安全感，减轻了心理负担，敢于发表自己的见解。对于说错的同学，许多老师不是生硬地说一句："坐下！"而是问别的同学："有不同的意见吗？"大家讨论后再问这个同学："你同意这个意见吗？"或"你能再说一遍吗？"给孩子改正的机会。课堂上老师评价学生，也一改过去由学生去挑错的作法，而是改为先看优点，再提不是，并且在肯定优点的基础上，使用"如果能……就更好"等语言。

"无错原则"，极大的调动了学生的积极性。如今，北京光明学校成为全市最热门的小学之一。父母都希望自己的孩子在这样的教育环境中成长。

事实上，学校教育同家庭教育有着很多的相通之处，"无错原则"在家庭教育中有着同样不可忽视的作用，在面对犯错的孩子，父母不妨试一试这种方法，或许能收到让你意想不到的效果。

当然，父母不一定什么事都去以奖代罚，但是却一定要谨记，多去包容孩子，给孩子自我反省的机会，这不仅有利于培养孩子的完美人格，使他们以健康的心态去面对挫折，而且有益加深亲子间的交流。

第七章

解放孩子的双手

解放父母　解放孩子

◇ 过分保护带来孩子的无能

在孩子成长的道路上，存在着一个爱的陷阱，这就是父母对孩子的过分爱护，掉进这个陷阱的孩子由于被剥夺了犯错误和改正错误的机会，从而也失去了健康成长的机会。

一位母亲为他的孩子伤透了心，她不得不去找青少年问题专家咨询。

专家问，孩子系鞋带的时候打了一个死结，您是不是不再给他买带鞋带的鞋了？母亲点了点头。专家又问，孩子第一次洗碗弄湿了衣服，您是不是不再让他走近洗碗池？母亲点头称是。专家接着说：孩子第一次整理自己的床用了一个小时，您嫌他笨手笨脚对吗？

这位母亲惊愕了，从椅子上站起来，凑近专家问："您怎么知道的？"专家说，从那根鞋带知道的。母亲问，以后我该怎么办？专家说，当他生病的时候，您最好带他去医院；他要结婚的时候，您最好给他准备好房子；他没钱时，您最好给他送去。这是您今后最好的选择，别的，我也无能为力。

再来看一则真实事例：

在国内某大学，曾经发生过这样一件事，一位即将毕业的物理系高材生，因成绩出类拔萃，被学校选送到英国某名牌大学深造。谁知该高材生却一口回绝，说什么也不愿出国。拒绝的原因说来令人难以置信：他不会洗衣服、不会买东西、不会烧饭、不懂得与别人交往，也就是说，他根本无法独立生活。大学四年中，他的衣服铺盖都是妈妈定期到学校来取回去清洗。

很显然，这位大学生是在其父母的过分保护下成长起来的。所谓过分保护，是指父母亲对子女的一切大包大揽、包办代替，像老母鸡护小鸡崽儿一样，始终将子女护在自己的羽翼之下，他们不舍得让孩子做力所能及的事情。还有的父母出于望子成龙之心,将子女活动的范围完全限制在自己的视线之内,在某些地方,他们对子女实行了直接、甚至完全的控制,用各种清规戒律来约束孩子的意志行动,没完没了地纠正和指责,生怕孩子越出雷池一步就会出差错。殊不知,这种过分保护做法将严重干扰孩子身心的正常发展,产生极其恶劣的后果。一方面过分保护会使孩子失去锻炼、成长机会,另一方面过分保护也使孩子感到能力缺乏,因而对自己失去信心。

孩子们需要一定的空间去成长,去试验自己的能力,学会如何对付危险的局势。作为父母,不要为孩子做任何他自己可以做的事。如果我们这样做了,就剥夺了孩子锻炼发展自己的机会,也剥夺了他的自立能力的形成和自信心的建立。

明智的父母,应当鼓励孩子的自信心,让孩子根据自己的条件,尽量地培养自理能力,发挥自己的潜能,使自信心在能力的支柱上成长。

一位初三的学生曾给"知心姐姐"写过一封信,信中说:

妈妈,您为了让我一心一意地学习,平时什么活都不让我干。每到节假日,我总想帮您做点家务活儿,但您却说:"不用你干,你只要努力认真学习,就算帮了妈妈的忙了。"一个星期天,您从街上买菜回来,我高兴地想帮您择菜,您却说:"你放下吧!下星期测验多考几分就行了。"

我心里明白,您这是责怪我单元考试名次没有排在前面。我扔下菜,跑回自己的房里伤心地哭了。妈妈,您对女儿学习生活的关心照顾是"无微不至"的,然而,您知道吗?您的女儿多么想求得您对女儿的理解,多么希望您不再像保姆似的"关照"我,"代替"我,而是像舵手一样用您那丰富的生活经验为我指引航向,让我在大千世界的海洋里搏击、奋斗、成长。

这位女孩的肺腑之言,说出了许许多多孩子的心里话。过度的爱护更易伤害孩子,正像歌中所唱:不经历风雨,怎么见彩虹,父母应该适当地放开双手,让孩子去经风雨、见彩虹,不要一直把孩子困在自己的羽翼之下。

解放父母 解放孩子

◇"授之以渔"和"授之以鱼"

中国民间有这样一句俗语:"一升米救个恩人,一石米养个仇人。"意思说的是:在别人遭遇危难时,即使救济少量的米,也会使其感激不尽,因为这种帮助没有使他失去自立的责任心;而用大量的米去长期救援一个人,会使他慢慢丧失自立的责任心,从而生出依赖的惰性。一旦你终止支援,他非但不会感恩,反而因此仇恨你。

在家庭教育中,我们也常常会遇到这种情况:有的孩子深受父母以及长辈的宠爱,常常是饭来张口,衣来伸手,一些本该由自己动手做的事情也全部交由父母代劳,如果稍有不顺心,便会对父母发火,而做父母的却只能无奈地感叹:"我们舍不得吃,舍不得穿,什么都为你做了,怎么到头来却养出你这么个白眼狼!"父母看到孩子不孝的一面,但更为严重的后果是,面对残酷的生存竞争,这样的孩子是没有丝毫机会的。

学会生存就是学会让生命保持健康成长的状态。孩子的健康状态,不仅指身体无病,更指心理健康。心理健康包括情感、性格、意志、毅力等多方面健康。相对于发达国家,我国儿童心理健康还有待加强。

日本儿童的心理合格率比较高,这跟他们从小就接受儿童心理教育有关。在日本常能见到这样的场景:气温在零度左右的日本街道上,一队排列整齐的小学生在进行早操锻炼,男孩穿着短裤,女孩穿着短裙,个个精神抖擞喊着口号,这种训练极大地锻炼了他们的心理素质。

再来看我们中国的孩子。这样的场景是我们经常可以看到的:在上学或放学的路上,蹦蹦跳跳的是孩子,背着书包的是年迈的爷爷奶奶;在家里,对着没有削过皮的水果,孩子说"我不吃";面对鲜美的鱼,孩子更是等着父母剔完了刺才放入口中;在寒冷的冬天,如果有哪个新潮的家长给自己的孩子少穿一点衣服,马上便会招来别人关心的责问。内因和外因综合起来造成这样的现实：孩子们被捧、被娇、被惯着，他们被那些"爱"他们的人设置的屏障重重地保护起来，最大限度地远离了困难和挫折，而他们的心灵却在这重重护佑之下变得日益脆弱。事实已经作出回答：有的孩子因为迟到几分钟，被老师批评了几句，就难以承受而跳楼身亡；有的孩子因为与同伴吵几句嘴而走上轻生的道路。严峻的事实提醒我们，把一切都给孩子安排好，并不等于安排好了他们的人生，相反，这是对孩子人生的最大戕害。

来看这样一个故事：

一个老翁在河边垂钓，两个年轻人走来，都非常羡慕老翁鱼篓中闪耀金光的大鲤鱼。其中一个聪明人说："老丈，您的鱼太美好了，我想得到它。"于是老翁将金色的大鲤鱼送给了他。另一个愚钝的人说："老丈，你的渔艺太神了，我想得到它。"于是老翁让他坐下静心学习垂钓。多年过去了，两个年轻人也成了老汉，聪明人因为只会吃现成的而一事无成，而愚钝者却凭着自己手中的渔艺和耐得寂寞的劳动，成为富有且受人敬重的人。

故事中所谓的聪明人不过是自作聪明的目光短浅者。而所谓的愚钝者却是大智若愚的、能把握自己命运的人。望子成龙、望女成凤的父母们，你们是应该继续不辞辛劳地抓鱼给孩子吃，还是努力教会他们捕鱼的本领呢？

这就是我们常说的"授之以鱼，不如授之以渔"，这也是教育的核心。为了把你的孩子培养成一个未来的强者，那你一定不能对他大包大揽，而要教会他生存与学习的本领和方法。

第七章 解放孩子的双手

解放父母　解放孩子

◇让孩子从小事做起

美国哈佛大学的学者威特伦曾花费40年时间,追踪观察了156名少年的表现。结论是:从小爱劳动、能做事的孩子成年后,与各种人保持良好关系的比不爱劳动的孩子多2倍,收入多5倍,失业少16倍,健康状况也好得多,生活过得美满充实。这说明劳动能使孩子获得各种能力,并提高其社会责任感。

以上是从社会学的角度来看的。从生物学的角度看,人的个体成长也需要劳动和制作。因为劳动和制作需要动手,手上大量的神经束通向大脑,促进脑神经的发育完善;还因为劳动和制作要伴随思维和想象,这必然促进智力发展。所以自古以来都把"心灵"和"手巧"连在一起,因为它们是相互促进的。

哈佛女孩刘亦婷,从3岁起就开始做一些打扫家庭卫生的事情,每次吃完东西,桌面和地面的果皮和瓜子壳都由她收拾。长大后,上街买东西的时候,问路、问价钱、请售货员过来、提要求等简单的事务,都是由她出面去办。有时候没有时间排队,也是由她上前去向服务人员和排在前面的人说明情况,商量能否得到优先照顾。这些事,她每次都办得很好。为了不让女儿产生道德方面的混乱,妈妈事先已经教过女儿:"用欺骗或耍赖的办法插队,是令人讨厌的自私行为。如果排队确实有困难,应该正大光明地请求帮助,只要你说清楚需要帮助的理由,人们一般都会让你优先的,因为中国人有尊老爱幼的好传统。但是如果你说不清楚,那我们只好不办这件事。"女儿十分清楚"加塞儿"和"请求优先"的区别,每次得到照顾,都忘不了真心诚意地向那些好心人连声道谢。

116

事实上，做家务也是孩子拓展知识面的好机会。比如，让女儿洗袜子时，妈妈可向她介绍肥皂和洗衣粉的去污原理；女儿协助妈妈做菜时，就可以告诉她糖或盐的溶解、浓度与味道的关系等等。

让一个已经习惯于"饭来张口，衣来伸手"的小懒虫改变好逸恶劳的习惯是很困难的，这往往需要一整套奖励和惩罚制度，而且还不一定能使孩子做到从内心变得热爱劳动。但在把模仿大人当游戏的幼儿阶段，使孩子养成热爱劳动的习惯却并不难。心理学知识告诉我们，刚会走路的孩子，就有帮妈妈做事的要求，两岁时会帮着递送物品，3岁时便产生了参与成人生活的愿望，4-5岁时就能自己收拾玩具、衣服和洗刷自己的碗筷。这说明孩子的娇懒不是天生的。从孩子的本能来讲，是愿意做事的，只是因为父母过分照顾，事事都要包办代替，才使孩子养成了娇懒的不良习惯。

对独生子女的父母来说，不在幼儿时期培养孩子的劳动习惯和办事能力是一件后患无穷的事。社会心理学家做过的一项调查发现：亲子之间的纠纷，大多源于子女过分依赖父母，使父母力不从心，子女则因为某些要求没得到满足，而埋怨父母无能。那些从小习惯于大小事都依赖父母的孩子，成人后的自立能力都比较差，遇事总是指望着父母一帮到底。随着子女的需求和父母的能力之间的差距越来越大，相互间的不满和怨言也与日俱增，以至出现纠纷和冲突。这些孩子很少考虑自己为父母做了什么，他们把父母为他们付出的艰辛劳动看作理所当然，一旦父母失去了自理能力或劳动能力，这种人很少去尽起码的孝道。

农村的孩子们目睹父母的劳动，也参与一些辅助劳动，对父母的辛苦有直接的体验，大多比城里的孩子心疼父母。城里的孩子则很难体会到父母工作的艰辛，所以，更需要让他们在家务活中体验父母的劳累，即使家里有保姆，也应该让孩子洗自己的小衣物和打扫自己房间的卫生，以免养成"小皇帝、小公主作风"。

解放父母 解放孩子

◇ 培养孩子的生活自理能力

父母不可能伴随孩子一辈子,孩子终将独立生活,走向社会。所以,对于父母来说,培养孩子独立处世和生活自理能力,同关心孩子的学习成绩一样重要。

比利,已经12岁了,他是个永远也长不大的孩子,什么事情都由父母操心,一旦父母不管,他就什么都不知道。每天早上起床、刷牙、洗脸、吃饭,晚上回来做作业、睡觉……样样都要父母安排好,哪一天如果少了一样,他的生活就会发生混乱。

他的父母每天工作都很忙,碰到这样的情况,也只有叹气的份儿。他的妈妈心底里暗暗羡慕同事的孩子懂事,不需要操心。同事建议他不要管孩子,让孩子自己来,可是他又放不下心,更不忍看孩子茫然无措,手忙脚乱。

比利在学校的成绩很好,还是班干部,其他方面也不错,深得老师和同学喜欢,可是他一回到家里,就什么也不会做了。

很显然,比利是缺乏自我管理能力,而原因就在于他的母亲过于关心他了,从小没有注意对他自理能力的培养,结果把自己弄得很累。现实生活当中,像张明母亲这样把孩子惯得什么都不会做,自己反而搞得很累的父母不乏其数。

孩子一进入大学,反映在孩子身上的普遍现象就是没有生活自理能力。他们由于缺乏独立性,一时间把自己搞得非常狼狈,有的被子不知怎么叠,有的吃饭不知到何处去买,有的新买的手机不知怎么用,有的把东西乱摆乱放,过一会想找就找不到了等等。这些现象的发生,都是由于他们小的时候从来不动手,父母没有给他们提供动手的机会造成的。其结果是孩子的想像力和思维得不到好的发展，即使学习成绩好，也是理论脱离实际，成为高分低能的书呆子。这样的人只是记录知识的机器，鲜有创造力。由此可见，培养孩子的自理能力是多么的重要。

那么，自理能力指的是什么？又如何培养呢？

自理能力一般是指一个人能自己安排学习、生活、工作、交往，能妥善处理自己所遇到的各种问题。培养孩子的自理能力，最重要的是放手让孩子去实践，给孩子积累经验的机会。

经验长知识，实践出能力，良好的自理能力和自理习惯，只有在不断的、长期的实践中才能培养起来。这就要求父母不能怕孩子吃苦，也不能怕孩子做不好。凡是应该由孩子自己去做，而且孩子力所能及的事情，一定要让孩子自己去做。如除了孩子自己的房间或床铺的整理应由孩子自己负责外，还应该让孩子做一些力所能及的家务，教会孩子做饭、洗衣服。孩子在学校里的各种事情，自己所用的东西应由孩子自己整理。所有的作业，除需要父母配合才能完成外，都应由孩子独立完成，父母既不应代劳，也不必坐在孩子身边陪着，尽可能让孩子自己妥善解决各种问题。父母可以指导，但不要代替。

无论是孩子之间，还是孩子与老师之间的事情，都要鼓励孩子自己处理，鼓励孩子与人交流，学会表达、商量、道歉和原谅。孩子在生活中遇到什么困难、意外、变故，做父母的可以提供必要的帮助，但这种帮助应有分寸，这样，才有助于孩子自理能力的提高，为孩子将来进入大学、走向社会打下坚实的基础。

此外，父母需要注意的是对孩子的事情切忌大包大揽，力争做到该放手时就放手。

第七章 解放孩子的双手

解放父母 解放孩子

◇ 让孩子有计划地做事

做事没有计划的人，无论从事哪一行都不可能取得成绩。一个在商界颇有名气的经纪人把"做事没有计划"列为许多公司失败的一个重要原因。

事实上，做事有计划对于一个人来说，不仅是一种做事的习惯，更重要的是反映了他的做事态度。对于孩子来说，做事有计划同样是非常重要的。

许多孩子都有早晨起床找不到袜子、学习用品或者生活用品的现象，这便是做事缺乏计划性和条理性的坏习惯所导致的。做事情缺乏条理、没有计划是儿童时期的一种自然反应，但是，如果父母不注意引导，孩子们往往会养成不良的习惯，从而给自己的一生都会带来麻烦。

对于孩子来说，做事有计划是非常重要的。它可以帮助孩子有条不紊地处理应该处理的事情而不会手忙脚乱。做事没有计划的人，必将无法很好地料理自己的生活，也必将无法很好地进行学习和工作。在走向成功的道路上，做事没有计划的孩子将会比其他人走得更辛苦。

那么，父母怎样培养孩子做事有计划的好习惯呢？

一、让孩子做事有条理

在日常生活中，不管做什么，父母都要让孩子做得有条有理。例如，房间摆设井井有条，用过的东西放回原处，以免需要的时候找不到。晚上睡觉之前，整理好书包、准备好第二天要穿的衣服等。这些都可以帮助孩子养成做事有条理的好习惯。

在日常生活中，父母做事一定要有条理、有计划。比如，家里要整理得井井有条，东西不要乱放，看完的书要放回原处，衣柜里的衣服要分类摆放等，这些细小的行为都可以影响孩子养成做事有条理的好习惯。当然，让孩子养成做事有条理的习惯不是一朝一夕的事，需要父母的耐心和恒心，还要善于抓住教育的契机进行适时引导。

二、教孩子做计划

要让孩子做事有计划,父母可以向孩子示范自己的计划。即把自己的计划告诉孩子,并且征求孩子的意见,让孩子帮着计划。比如,在周末的清晨,可以这样对孩子说:"今天我想好好安排我们的活动,吃完早饭后,我们到公园去看花展,然后回来吃午饭,午饭后你小睡一会,1点钟我们去少年宫学画画,3点我带你去海洋馆,回来后,你要写一篇一天的见闻,你觉得这样安排好不好?"

这种示范不仅可以帮助孩子理解计划的重要性,而且,他能够学着去安排自己的事情。

如果孩子对父母的计划提出了疑问或者孩子有了计划的意识后,那么,父母就可以让孩子来安排、计划一下了。

比如,一家人有老有小,在周末的时候去公园游玩,孩子往往会喜欢玩一些新奇刺激的活动,像碰碰车什么的。这时,父母就可以让孩子将一些活动,如划船、拍照、玩碰碰车、钓鱼,按一定的次序和时间来安排,既要照顾大家,也要考虑个人的喜好。如果孩子安排得合理,就按照孩子的安排去做。如果安排得不合理,就要跟孩子讲清为什么。

这种实践性的锻炼最能培养孩子做事有计划的习惯。对于孩子自己的事情,父母更应该让孩子自己来安排和计划,这样孩子才能够更好地按照自己的计划做事。

三、让孩子按计划做事

在日常生活中,父母要向孩子强调计划的重要性,并给孩子的各项行为制定一些计划。当然,这些计划的制定应该让孩子参与进来,与父母一起来制定计划。

当计划制定了以后,孩子必须按计划做事,不能半途而废。对幼儿园的孩子来讲,父母应该要求他们在玩的时候自己把玩具拿出来,玩完以后自己收好。对小学生来说,就要要求他们看书做作业的时候要认真,写完以后才能去玩。对于中学生来说,应该要求做事有责任心,自己把握做事的进度。这样让孩子凡事都有计划地去做,并渐渐养成习惯。

解放父母　解放孩子

◇培养孩子敢于冒险的能力

很多父母说，孩子都已十六、十七岁了，这时候才发现，自己有太多的教养方式值得检讨改进。以给孩子穿鞋子为例，他们经常在孩子高喊"我不会"时，仗义帮忙，一副大侠替人解危的模样。虽然如今孩子并没有出现什么大的纰漏，但依然可以明显发现，他们的孩子似乎比其他小孩子更加胆小、缺乏信心，一点敢于冒险的心理都没有。

确实，长期以"我不会"换取父母帮忙的孩子，比较缺乏再尝试的勇气。从心理学的角度来看，其一是孩子想偷懒，或避开责任；其二则是父母的过度保护，让孩子有机可乘。基本上，这两种原因应该是互为因果，值得父母好好反省的，否则一定会有"虎父犬子"之叹。

有的父母或许会说，让孩子事事自己动手，不是有点冒险吗？但话又说回来，比起孩子的未来前途，这点小冒险又算什么呢！更何况，很多情形只是一种挑战而非冒险，就以穿鞋为例，你便不必为他效劳，只要多给他些时间，孩子自然有能力把它做好。拼图也是如此，只要孩子愿意多花一些时间，拼图并不能难倒他，你说不是吗？

或许从高高的滑梯上溜下来，对一个三、四岁的小孩子而言，有点困难，但只要你能让他从矮一点的地方开始尝试，他们也必然可以克服这种心理障碍。既是如此，你何不让他冒点险？

另一方面，在复杂多变的现代社会，未来的形势经常是不可预测的，过于小心谨慎，就会让我们滞步不前，从这一点出发，为了孩子的将来，父母也有必要让孩子培养敢于冒险的能力。

那么，父母又该如何具体地培养孩子敢于冒险的能力呢？

一、让孩子积极尝试新事物

在生活中,由无聊、重复、单调而产生的寂寞会逐渐腐蚀人的心灵。相反,消除一些单调的常规因素倒会使我们避免精神崩溃。积极尝试新事物,能使一蹶不振、灰心失望的人重新恢复生活的勇气,重新把握住生活的主动权。

二、要让孩子试着去冒一些风险

冒险是人类生活的基本内容之一。没有冒险精神,体会不到冒险本身对生活的意义,就享受不到成功的乐趣,也就无法培养和提高人的自信心。因此,瞻前顾后、惊慌失措、避免冒险无疑会使我们的自信丧失殆尽,更不用指望幸福快乐会慷慨降临。

三、让孩子向自己挑战,而不是与别人争夺

卓有成就的人,更热心于倾注精力扩大和完善自己取得的成果,而不是一定要打败竞争者。实际上,担心对手的实力以及可能具有的特殊优势,往往使自己精神上先吃败仗。

◇ 让孩子敢作敢当

有责任心、敢作敢当是成功者最重要的素质之一,在现实生活中,很多优秀领导、企业老总乃至许多优秀父母之所以能够取得成功,都与他们具有这种素质有着重要的联系,他们运用自己的智慧、信心和判断力去做出决定,尽自己的努力去做事,考虑自己行为的后果,一旦遇到问题,他们一定会第一个站出来承担自己应尽的责任。

对于孩子来说,也应该备有这种素质。有责任心、敢作敢当的孩子往往学习积极向上,从不要父母和老师花费精力。生活作风上严谨朴素,讲文明,讲礼貌,尊敬师长,对自己的一言一行、一举一动都会负责。

解放父母 解放孩子

所以，对于父母来说，一定要能告诉孩子，不管犯了什么错误，都不能为了推卸自己的责任而编造谎言，要敢作敢当。比如：两个人抢一本书，结果书被撕坏了。如果你的儿子说：都是他不好，我叫他别抢，他非不听。或者告诉你，书是他撕坏的！诸如此类的话，你都要重视起来，因为你的儿子正在将他自己放在被同伴轻视与讨厌的位置上，"抢"本是双方的行为，根本不需要辩解。

再比如：家里来了个比你的儿子小几岁的孩子，大家都将注意力放在了更小的"小不点"身上，你的儿子可能会因嫉妒而趁大人不注意的时候掐那个男孩，使得那男孩大哭，但却因为太小而不会解释。而他呢，却故意说："这不关我的事！"、"瞧这家伙，老哭，多烦！"

这些都是孩子可能会做的事，做父母的一定要让孩子明白：推卸责任的同时，你也就可能失去同伴，因为本来是两个人抬的东西，你突然放手，岂不害苦了同伴？而如果是一起扛着很重的东西，你的"逃跑"，可能要害死同伴了。即使不害死同伴，同伴又怎敢再与你在一起呢？

那么，父母应该如何培养孩子有责任心、敢作敢当的素质呢？

首先，父母要满足孩子合理的愿望和要求。

对孩子提出的合理要求要尽量满足，如一时无法满足，必须向孩子说明理由。如果对他们的愿望与要求不分青红皂白地一律不予理睬或一味拒绝，就容易使他们说谎或背着父母干坏事。

其次，正确对待孩子的过错。

孩子或因自制力弱，或因年幼无知，或因其他偶然的原因，常会出现差错。对此，家长要冷静对待。孩子犯了错误，父母要本着关心爱护的原则，态度温和地鼓励孩子承认错误，帮助孩子找出错误的根源，改正错误。这样，孩子才会信赖你，亲近你，敢于向你说真话。

最后，父母要做孩子的优秀榜样。

有的父母要求孩子有责任心、敢作敢当，自己却常常言而无信、逃避责任。试问，你又有什么资格去要求孩子呢？

◇ **让孩子学会保护自己**

　　毋庸否认，相对于成人来说，孩子的抗危险能力还是很脆弱的，而作为父母，又不可能也没必要时时刻刻地与孩子待在一起。所以，对孩子进行一些切实可行的生存训练，有意识地提高他们的自我保护意识，加强他们对危险的自我防范能力，这些就成为了摆在父母面前的重要"课题"。这些对于孩子的生命安全和健康成长是十分重要的。

　　为了提高孩子的自我保护意识和自救能力，父母可以通过一些典型事例对他们进行教育。

　　美国一名6岁的孩子拨通火警电话救护了心脏病发作的母亲；奥地利伤残断臂儿童用嘴咬住铅笔拨通电话自救。云南弥勒县14岁的女孩被强盗扔进20多米深的山洞，但她却凭着坚强的意志力和良好的生存能力，靠吃洞中的青苔和喝岩洞水，在暗无天日的山洞中度过半月之久，最后终于获救。这些典型事例都是父母对孩子进行生存教育的生动素材。

　　我们再来看一看一个10岁的小女孩娟娟是如何机灵地逃出"人贩子"的魔掌的。

　　2005年的某一天清晨，娟娟正走在上学路上，这时迎面走来两个男子，她只觉得一阵头晕，便不知人事。

　　不知过了多长时间，娟娟睁开眼睛，感觉自己正躺在一辆疾驶的汽车上。车上坐着4个男子，听说话的声音特别"横"。小娟娟把小脸缩进很厚的围脖里，眯着眼睛假装昏迷。汽车在过哈尔滨至宾县17公里处时停了下来，车上4个男子下车解手。小娟娟轻轻地将车门打开一条小缝，顺势溜到公路边的一条沟里，滚了一身雪，拔腿就往来的方向跑。小娟娟一边跑，一边记着清醒后在车上看过的路标。天黑了，她一天没喝水也没吃饭，又累又饿。她隐

解放父母 解放孩子

隐约约看见前面一片亮光，便奔了过去，这里是哈尔滨东站，离她下车逃跑的地方已有二三十里路。她掏出兜里仅有的5角钱，找到一个公用电话亭给家里打了电话。

电话铃响了半天，没人接。此时，她的爸爸妈妈正和老师、亲属们满世界地找她。路上，小娟娟遇到一个阿姨，按照阿姨的指点，她坐上了65路车。

65路车的一名男乘务员见小娟娟迷了路，就主动在车到终点站时把她领到14路车站，送她上了车，并嘱咐乘务员让孩子在经纬街下车。娟娟推开家门闯进屋时，已是晚上7点30分。

小娟娟之所以能逃出虎口，是由于她采取了一系列正确的做法，如假装昏迷、记住路标、及时趁"人贩子"解手跳车、找人帮忙等，否则她肯定难以逃生。而小娟娟这种本领除了她求生的本能外，恐怕首先得益于父母平时注意培养她的自我保护意识，使她具有一定的自救能力。

孩子天性幼稚，对生人很少有戒备心理，大人必须重视这一点。有的父母为了提高孩子的自我保护意识，从小就给孩子一些锻炼机会，这是很必要的。当然，这其中也存在一定风险的，父母需要区别对待。孩子年龄不同，其所具备的能力和胆识也不同。父母应根据孩子的实际情况，教育孩子如何注意安全，如注意关煤气、不要接待不认识的人、如果遇到突发性事件怎样报警、求救等等，从而培养孩子的自我保护和应变能力。

◇ 让孩子融入到集体中去

现在的孩子绝大部分是独生子女，而独生子女有一个最大的特点就是孤独。独生子女没有兄弟姐妹，家庭成员往往对其极为疼爱，使他们成为小皇帝、小太阳。这些孩子如果长期与家长生活在一起，而缺乏与外界接触，特别是与同龄人接触较少，那么就很容易产生孤独感（毕竟孩子与孩子是最容易沟通的,而孩子如果生活在以自我为中心的环境内,其沟通必然是难见成效的)。而这种孤独感又会成为孩子成长道路上的心理障碍。

如果说身体健康是孩子成长的物质保证,那么心理健康和良好的性格培养则是孩子成长的精神动力。现在大多数孩子都是独生子女,容易形成"以自我为中心"的意识,在与别人的交往中,必然就会发生碰撞,产生磨擦和矛盾。这种"只愿他人顺从自己的意志,不愿听取他人看法"的问题,是当前孩子们交往中遇到的典型心理问题。所以父母要鼓励孩子多参加人际交往活动。

小敏是一个独生子女,她家的经济条件特别好,父母因为工作的关系特别忙,没时间照顾她,所以特别给她请了保姆。小敏从小由保姆带大,从来没有和小朋友玩过,其他小朋友会做的游戏、会跳的舞、会唱的歌小敏一概不会。就连小朋友给她一个带皮的水果,她都会手捧着问老师怎么吃。因为在家里都是保姆削好皮,切成片放在她嘴里。

小敏在自己家中处于绝对核心地位,习惯了做家中的小公主、小太阳,过惯了饭来张口、衣来伸手的生活,因此缺乏独立生活的能力。

更严重的是,由于长期不与别人交往,小敏的性格变得越来越刁蛮任性、不懂礼貌,动不动就乱发脾气,也越来越内向,终日沉默寡言,见了客人躲躲藏藏,唯唯诺诺,胆小怕事。

像小敏这种情况在独生子女中并不少见,这是客观环境造成的。一般独生子女家庭对孩子的呵护往往细致入微,孩子生活中的大事小事多由父母或保姆包办代替,这就造成孩子对什么都不感兴趣,什么都不会做。

另一方面,独生子女的家长忽略了0~3岁孩子的早期教育,没有培养孩子手、眼、脑的协调能力,更没有培养他们的观察力和创造力,损害了他们的心理健康,形成孩子刁蛮不讲理,以自我为中心的不良心态。

父母应该认识到,孩子只有生活在孩子们的集体中,才会感到不孤独,尤其是对于独生子女来说。要知道,孩子与孩子之间是最容易沟通的。同龄孩子在一起,即使打打闹闹,有意见,也会玩得好,学得好。他们可以在共同的游戏活动中出主意,想办法,互相取长补短,增长知识,发展智力,提高自

第七章 解放孩子的双手

解放父母 解放孩子

身的认知能力。

所以说,对于孩子,父母一定要敢于放手,不要有太多的担心和顾虑,让孩子融入到集体当中去,让孩子在集体生活中得到适时的锻炼,培养起孩子多方面的兴趣,让孩子在集体生活中体验家庭不能给予的兴趣,使孩子由于长期禁锢在家庭中形成的内心的孤独感逐渐得以消除。

通过融入集体、与别的孩子积极交往的过程,孩子的注意力会被其他孩子所吸引,其心理活动就不会局限于个人的小圈子里,性格也就会变得开朗。此外,通过融入集体、与别的孩子的积极交往,孩子还能正确认识他人的长处,并通过比较,客观地认识自己,调整自我评价,学习他人长处,减少自卑感。不仅如此,通过融入集体、与别的孩子积极交往,还可开阔孩子的视野,增长知识和经验,使孩子树立健康的心态。

第八章

如何做，孩子才能学得好

解放父母　解放孩子

◇ 读万卷书，行万里路——带着孩子去旅行

与其对孩子进行填鸭式的教育，不如开阔他们的视野。而带着孩子去旅行就是开阔孩子视野的一种最好的锻炼方式，不仅如此，它还能培养孩子的耐力以及解决问题的能力。所以说，父母应该带着孩子旅行，陪他们去海边走走，去山里逛逛，去领略一下不同的城市、不同地域的风光，去感受一下不同风景、不同民俗的内涵。

通过带着孩子旅游的过程中，父母可以使孩子体验到五大教育效果：

一、自然科学教育。在旅行中，奇花异草、山川河流对孩子来说是最为直观的自然科学教育，也是让他们认识祖国山河风貌的大好时机。

二、社会风情教育。"千里不同风，万里不同俗"，各地独特的人文风俗，能使孩子感受世界的丰富多彩。

三、安全自救教育。出门在外，存在各种不安全因素，这就给孩子提供了自我保护的教育契机。如跟着大人不掉队，不到危险的地方玩，注意乘车、乘船安全等等这些都需要在旅行过程中时时提醒，处处教育。

四、独立能力教育。自己整理行装、自己吃饭睡觉、自己爬山走路、自己拿东西，这些独立能力的教育非常适合在旅行过程中进行。

五、性情教育。在孩子眼中，一花一草会说话，一山一水皆有情，父母以积极的心态引导孩子体味欣赏，潜移默化的培养孩子丰富的情感，陶冶孩子的性情。

读万卷书，行万里路。带着孩子去旅行，对孩子是益处多多，在这一方面，古今中外有很多的成功典范。

卡尔·威特是19世纪德国一个著名的天才。他八九岁时就能自由运用德语、法语、意大利语、拉丁语、英语和希腊语这六国语言；并且通晓动物学、植物学、物理学、化学，尤其擅长数学；9岁时他进入了哥廷根大学；年仅14

岁就被授予哲学博士学位；16岁获得法学博士学位，并被任命为柏林大学的法学教授；23岁他发表《但丁的误解》一书，成为研究但丁的权威。与那些过早失去后劲的神童们不同，卡尔·威特一生都在德国的著名大学里授学，在有口皆碑的赞扬声中一直活到1883年逝世为止。

卡尔·威特能取得这番惊人的成就，并不是由于他的天赋有多高超——恰恰相反，他出生后被认为是个有些痴呆的婴儿——而是全赖他的父亲教育有方。卡尔的父亲把小卡尔长到14岁以前的教育写成了一本书，这就是畅销全球的《卡尔·威特的教育》。书中详细地记载了卡尔的成长过程，以及自己教子的心得和独辟蹊径的教育方法。

而在《卡尔·威特的教育》一书中，老卡尔就特别提到了"带着儿子去旅游"的教育方式。老卡尔在儿子小的时候就经常带着他去各地旅行，他利用一切机会来丰富儿子的见识。比如他们看到建筑物，他就告诉儿子那是什么，它所坐落的地方叫什么，有着什么样的历史。看到历史遗迹，就告诉儿子这里曾经发生过什么，对历史产生了什么样的影响。只要有时间，他就带儿子去参观博物馆、美术馆、动物园、植物园、工厂、矿山、医院和保育院等，以开阔他的视野，丰富他的见识。

每次参观回来，老卡尔都会让让儿子详细描述所见到的一切，或者让他向母亲汇报。因此，卡尔在参观时总是用心观察，认真听取父亲或者导游的讲解。

儿子5岁时，老卡尔就几乎带着他游遍了德国所有的大城市。他们在旅途中，既登山，也游览名胜；既寻找古迹，也凭吊古战场。回到旅馆，老威特就让儿子把所见所闻写在信上，寄给母亲和亲友。回家后，还要向母亲详细地做口头汇报。

老卡尔为了满足儿子的求知欲和培养他追求真理的精神，从来都是不辞劳苦，也不吝惜金钱。他的这种做法值得我们的父母用心学习。

解放父母 解放孩子

◇化被动为主动，激发孩子学习的潜动力

孩子是最快乐的群体，也是最具有好奇心和学习精神的群体。然而现在却有不少孩子整天愁眉苦脸、长吁短叹，对一切事物都失去兴趣，缺乏信心和进取心。总的说来就是对自己的学习和生活缺乏一种主动精神。

现在的很多学生，对自己的学习目的并不清楚。当被问到"你为什么学习"时，不少学生的回答是"父母要我来读的"，也有学生回答是"将来找份好工作"，甚至有的学生说"我学习的目的就是不想整天和父母待在一起"，真是众说纷纭，莫衷一是。孩子学习目的不明确、缺乏崇高的人生理想，是不能主动学习的内在的最主要原因。

此外，薄弱的心理也是孩子失去学习主动性的一个主要原因。

小刚是一个非常听话的孩子，刚上小学的时候，他的学习成绩很好，让父母很放心，可是自从上了初中后，学习成绩却急转直下，这让父母十分着急，但却找不出原因，自己的孩子绝对不是那种调皮捣蛋、不爱学习的学生。问题到底出在哪里呢？

其实，说穿了，这里面的原因很简单。小学的时候，孩子大多跟着老师和父母的指挥棒走，只要听老师和父母的话，一定会是一个好学生。但是初中和小学不同，初中要求学生在学习中不但要学会知识，更要学会学习知识的方法。"鱼"和"渔"的矛盾，使得一向缺乏学习主动性的小刚吃到了应试教育的大亏。

在传统的应试教育的压力下，学校和家庭对孩子的心理健康教育都不是很正常，学生缺乏良好的心理健康知识的指导，心理上不成熟，存在不少弱点，也必然影响学生的主动学习。如当问及学生为什么不能在课上主动提问或发表自己的意见时，往往有这样的回答："怕羞"，"答错了丢人"，"书上说的(或是老师讲的)不会错"，"会被人家说爱表现"等等，这种胆怯和对权威

的盲从心理造成学生在学习上不敢提问，不能寻根究底，更不会对权威的观点提出疑问和发表自己的见解。

正是由于上述主客观的原因，才导致孩子缺乏积极、主动的学习态度，导致学习效率较低，成效不高。于是补课、家教、题海战术之风盛行，成了提高成绩的法宝，屡禁不止，而这无疑是饮鸩止渴。不能从根本上解决孩子的学习主动性问题，而是盲目地施加压力和负担，只能让孩子走入歧途，离家出走、自杀、痴迷网络等等恶果往往就是因为这个原因而造成的。

那么，父母到底应该如何正确地帮助孩子增强学习主动性呢？

一、给孩子营造良好的主动学习氛围

良好的氛围能对孩子的学习产生潜移默化的作用。为使孩子能主动学习，父母应该创造一个良好的学习氛围，比如孩子学习时，父母不要从事娱乐活动，诸如看电视、打麻将等等，而是应该安静地看一会书。

二、对孩子主动学习的积极性予以鼓励

孩子如果能够积极主动地学习，父母就应该鼓励他们把这个好习惯坚持下去，而不是给孩子泼冷水。

三、激发孩子主动学习的内在动力

孩子学习需要有动力，它既可来自外部的压力，也可来自内部的驱动力，而后者最为关键。所以，要使孩子增强学习主动性，父母就必须采取有效方法，使孩子把学习作为自己的一种内在需要，从而产生持久的、强大的学习动力。

第八章　如何做，孩子才能学得好

解放父母　解放孩子

◇ 激发孩子的学习兴趣

很多孩子对学习没有兴趣，父母让他多学一会就不行，就是对玩感兴趣，怎么玩也玩不够。怎样才能让孩子对待学习就像玩游戏、看电视或者去动物园那样兴致盎然呢？方法很简单，就是激发孩子的学习兴趣，让孩子带着兴趣去学习。

美国的斯特娜夫人亲身指导女儿的成长，她的教育经验在全球范围内都有很大的影响。在激发孩子兴趣这一点上，她就有很独特的心得。

斯特娜夫人在培养女儿的过程中发现，在所有的学科中，再也没有比数学更难于使孩子感兴趣的了。尽管她曾通过游戏法很容易地教会了女儿数数，并用做买卖的游戏很容易地教会了她钱的数法，然而，当她在教女儿乘法口诀时，却碰到了麻烦：女儿有生以来第一次厌弃学习。

斯特娜夫人真是有些担忧了。你想想，女儿维尼夫雷特五岁时，已能用八个国家的语言说话，还在报刊上刊登了许多诗歌和散文，在神话、历史和文学方面已达到初中毕业生的水平，然而，却连乘法口诀都不会。她是否在学业上有所偏向了呢？一个偏科生显然不符合斯特娜夫人培养孩子的理想，因为她的理想是使女儿均衡发展，在成才的同时真正感到幸福，片面发展就不能成为真正幸福的人。为此，她为女儿对数学不感兴趣而苦恼。尽管如此，她还是没有强制女儿死记硬背乘法口诀，这是由于她坚信强制是行不通的，并容易扭曲孩子的性格。斯特娜夫人的苦恼被与洪布鲁克教授的一次幸会而解开了。为了宣传世界语的优越性，她曾带女儿到纽约州的肖特卡去演讲，在那里幸好遇到了芝加哥的斯他雷特女子学校的数学教授洪尔鲁克女士，她的数学教学技巧相当高明。

在听了斯特娜夫人的担心后，她一语道破了问题之所在："尽管你女儿缺乏对数学的兴趣，但绝不是片面发展，这是你的教法不对头。因为你不能有趣味地教数学,所以她也就没有兴趣去学它了。你自己喜好语言学、音乐、文学和历史,所以能有趣地教这些知识,女儿也能学得好。可是数学,由于你自己不喜欢它,因而就不能很有兴趣地教,女儿也就厌恶它。"接着,这位杰出的女士十分热情地教给她一套教数学的方法。她用这些方法教女儿数学后,效果果然很好。

这位女士的建议首先是让孩子对数字产生兴趣,例如把豆子和纽扣等装入纸盒里,母女二人各抓出一把,数数看谁的多;或者在吃葡萄等水果时,数数它们的种子;或者在帮助女佣人剥豌豆时,一边剥一边数不同形状的豆荚中各有几粒。

母女俩还经常做掷骰子的游戏,最初是用两个骰子玩。玩法是把两个骰子一起抛出,如果出现3和4,就把3和4加起来得7分。如果出现2和4、3和3,就得6分,这时就有再玩一次的权利。把这些分数分别记在纸上,玩3次或5次之后计算一下,决定胜负。

女儿非常喜欢这类游戏。在女儿投入到这种游戏的乐趣之后,斯特娜夫人仍按洪尔鲁克女士的建议,每次玩游戏不超过一刻钟。理由是所有数学游戏都很费脑力,一次超过一刻钟后就会感到疲劳。在这一游戏玩了两三周以后,她们又把骰子改为3个、4个,最后达到了6个。

接着,她们把豆和纽扣分成两个一组的两组或三组、三个一组的三组或四组,把它们排列起来,数数各是多少,并把结果写在纸上,然后把这些做成乘法口诀表挂在墙上。这样一来,维尼夫雷特就懂得了二二得四、三三得九的道理,而且非常高兴。更复杂的游戏可以依此类推地继续做下去。

为了使女儿将数学知识运用于实际,斯特娜夫人还经常同女儿做模仿商店买卖情景的游戏。所卖的物品有用长短计算的,也有用数量计算的,还有用分量计算的。价格是按着实际的价格,钱也是真正的货币。妈妈常常到女儿开办的"商店"买各种物品,用货币支付,女儿也按价格表进行运算,并找给妈妈零钱。

当维尼夫雷特学习努力、工作积极或帮助家里干活儿时,妈妈就付给她钱。她还不断地从杂志社和报社领取稿费。她把这些钱用自己的名字存入银行里,并计算利息。

不久,维尼夫雷特就对数学产生了浓厚的兴趣。有了兴趣之后,她从算

解放父母 解放孩子

术开始一直到学会代数和几何都很顺利。

由此，我们不难发现，激发孩子的学习兴趣对孩子是多么的重要。没有兴趣，孩子在学习上就不可能有好成绩，学习就会变成没有出路的牢狱，孩子就会成为牢狱中的囚犯，终日饱受折磨。所以，如果爱孩子，作为父母，你就应该想方设法地激发孩子的学习兴趣。

以下几点建议可以作为如何激发孩子学习兴趣的参考：

一、与孩子分享学习的乐趣

要想激发孩子对学习的兴趣，父母要先有兴趣，带领孩子一起寻找学习的快乐，斯特娜夫人的育女经历就是一个很有说服性的例证。

二、和孩子一起克服学习困难

当孩子在学习中遇到困难时，父母不应该指责孩子。而是应该耐心引导，最好是先表扬孩子所付出的努力，再引导孩子寻找问题的关键所在。

三、要求孩子寻找学习的快乐

每一科目都不可能是完全枯燥的，父母要学会给孩子布置任务，让孩子从各个科目中找到快乐。

四、别人的兴趣是怎么来的

为什么同样一个科目，别的孩子就有那么大的兴趣呢？这是父母应该鼓励孩子去探询、去请教的一个问题，在别人的帮助下，解决一道难题并不会有很大的收获，可是，如果能从别人那里找到学习乐趣，那将受益一生。

◇ 培养孩子勤于思考的好习惯

思考是一种乐趣，是一种游戏，是精神上的享受，是快乐的源泉。对于孩子来说，养成勤于思考的好习惯，将让学习中遇到的难题变的轻而易举，将让成绩突飞猛进，将让自己受益一生。

拿破仑·希尔说："思考能够拯救一个人的命运。"事实正是如此，有思考力的人才会有创造力，才会掌握自己的命运。据说，诺贝尔奖获得者、英国物理学家约瑟夫·汤姆森和欧内斯特·卢瑟福一共培养出17位诺贝尔奖得主，这些天才们不仅懂得如何去思考，改变了自己的人生轨迹，而且为我们的社会发展作出了巨大的贡献。

蒸汽机的发明人瓦特在很小的时候就爱动脑筋思考问题。有一年他到乡下的奶奶家做客，看见奶奶家火炉上的水开了，水壶盖在冒着热气的水壶上跳动，他便抱来一只小凳子，坐在火炉边看水壶盖在热气腾腾的水壶上舞蹈。后来，顺着这一现象展开思考，瓦特发明了蒸汽机。

15岁的那一年，瓦特到父亲的作坊里去学习机械制造技术，在作坊里瓦特谦虚地向工人们学习，后来他的技术在作坊里竟然无人可比。

瓦特之所以能够有超出常人的表现，以至后来能够取得超乎常人的成就，就在于他比别的孩子勤于动脑，对什么问题都爱问为什么。

可见，培养孩子勤于思考的好习惯对于孩子来说是多么重要。父母要不失时机地从小培养孩子的勤于思考的好习惯。科学研究证明，孩子最易于养成这种习惯，许多伟大的成功人物其思维能力的造就，都跟他小时候勤于思考的习惯密不可分。

那么，如何正确地帮助孩子培养勤于思考的好习惯呢？以下四点建议可供父母参考：

解放父母 解放孩子

一、帮孩子培养良好的思维习惯

首先要陪养孩子爱动脑筋,独立思考的习惯。在学习过程中,要努力培养孩子爱动脑筋的好习惯,预习、听课、复习、作业、考试的各个环节都要勤于思考、独立思考,要多问几个为什么,多想几个怎样办。做到不依赖、不等待、不偷懒、不断增强好奇心,增加求知欲,增强独立性。

再者要让孩子有敢于提问、大胆质疑的习惯。课前、课后都要敢于并善于提出各种各样的问题,不断地解疑,并学会于无疑处生疑。疑是思之始、进之由;疑就是矛盾、就是问题。疑孕育着创造。

最后还要培养孩子一边听讲、阅读、练习,一边思考的习惯。有的孩子不会把"听、看、做"与"想"紧密地联系起来,从而影响思维能力的发展。所以,父母要注意陪养孩子一边听讲一边思考,一边阅读一边思考,一边练习一边思考的良好习惯。

二、鼓励孩子发表自己的意见

调查显示,在民主、平等的家庭氛围中成长的孩子,敢于发表自己的意见,思维比较活跃,分析问题也比较透彻。而在专制的家庭气氛中成长的孩子,则不敢畅所欲言,容易受父母的暗示而改变主意,或者动摇于各种见解之间,或者盲从附和随大流,这就影响了其思维独立性的发展。

因此,父母要鼓励孩子敢于发表自己的意见,在孩子发表自己的意见时,哪怕是错误的,父母也应让他说完,然后再给予恰当的指导。对于孩子的正确意见,父母应该肯定、表扬,让孩子增强发表意见的信心。

三、善于对孩子发问

问题是思维的起点,如果孩子经常面对各种问题,大脑的思维就会比较活跃。因此,父母要想提高孩子的思维能力,就要多向孩子发问。

台湾学者陈龙安认为良好的发问应该掌握十个方面,他总结的"十字诀"就是:假、例、比、替、除、可、想、组、六、类。

"假":就是发问时以"假如……"开头,让孩子进行思考;

"例":就是让孩子在回答问题时多举例子;

"比"：就是让孩子比较两件事物的异同；

"替"：就是让孩子思考有什么是可以替代的；

"除"：就是多问孩子"除了……还有什么"；

"可"：就是让孩子思考可能的情况；

"想"：即让孩子想像各种情况；

"组"：教孩子把不同的东西组合，并思考组合在一起会如何；

"六"：就是"六何"检讨策略，即为何、何人、何时、何事、何处、如何。

"类"：让孩子类推各种可能性。

四、丰富孩子的知识与经验

许多孩子之所以不能很好地思考，不是不知道思考的方法，而是在逻辑思考或者推理的时候，孩子往往因为知识和经验有限而无法得出准确的结论。因此，父母要注意丰富孩子的知识与经验，让孩子拓展思维的领域。

◇ 让孩子懂得积累

《荀子·劝学》中有这样一段关于学习的名言：不积跬步，无以至千里；不积小流，无以成江海。的确，学习从来就不是一蹴而就的事情，父母要想提高孩子的学习成绩，就不能让孩子急于求成，一定要能培养孩子善于积累的好习惯，让他们知道学习绝不能临时抱佛脚。

这是乌龟和兔子的另一场比赛。两人都决定要经商，并且都选择了酿酒业，看谁酿的酒好，谁卖的钱多。

兔子的动作很快，一天过去后，它已经开始喝自己酿出来的酒了。看到乌龟还在慢腾腾地酿酒，兔子一边嘲笑乌龟，一边将自己酿出来的酒拿到集市上去卖。

但是，它的酒味道又酸又涩，一坛也卖不出去，沮丧到极点的兔子只好

解放父母 解放孩子

垂头丧气地回到家中。而此时，乌龟的酒刚刚酿好，酒香扑鼻，还没有等到乌龟把自己的酒拿到集市上，就已经被那些闻香而至的客人买得一干二净了。

这个寓言告诉我们，酿酒与跑步不同，它是为了赢利，一定要注意质量，要一步一步来，其实学习也是一样，其关键就在于平时点点滴滴，一步一个脚印的慢慢积累。

举个例子来说吧，有很多孩子在写作文时喜欢引用一些经典诗词，名人名言，以此来增加文章的说服力和生动性。孰不知，结果往往适得其反，不是添字漏字，就是画蛇添足，闹出笑话。这是为什么呢？其实原因就在于这种博大精深的词句语言包含着人类丰富深刻的智慧，容不得一点胡来，它需要的是孩子们带着好奇的心去一点点学习，慢慢积累，这是我们教育者必须让孩子领悟的。

关于积累的重要性，还有这样一则笑话。说的是一个行路人，肚子饿极了，便到烧饼铺买烧饼充饥。吃了一个不够饱，又买一个，还不顶事，再买一个，这样一连买了6个，吃后仍感不饱，又买了第7个烧饼只吃了一半便饱了。这时他很后悔，狠狠地打了自己几个耳光，懊丧地自责说："唉，我这个人是多么愚蠢啊，前面吃的6个饼子都白白浪费了。早知道这半个烧饼就能吃饱，何必去买前面6个烧饼呢！"

这个行路人的话无疑很可笑。没有前面6个饼子的沉淀，那半个烧饼怎么可能吃得饱？

辩证唯物主义告诉我们：事物的变化总是先从量变开始的。当量变的积累达到一定的程度时，才会引起质变。不懂得这一点，便会自觉或不自觉地重复"笨人吃饼"的笑话。

在学习过程中，总有些孩子喜欢投机取巧，平时不注意知识的积累，考试前夕，才加班加点，夜以继日的"磨刀"，这实在是最自欺欺人的做法，如果你的孩子有这种愚蠢行为，你就一定要想办法阻止。

1999年9月6日，那天，北京奥申委宣布了一个重要的决定：向全球公开征集会徽设计。决定发布之后，全国人民、海外同胞和国际友人表现出了极大的参与热情。

奥申委的要求非常苛刻：规定设计时间为两周，设计师们必须自费带作品亲自来北京;不发稿酬;包括路费自己解决。就是在这种背景下,一位名字叫陈绍华的美术爱好者决定另辟蹊径,他从一幅五星联结五环的草图中找到了感觉,用中国传统民间工艺品"中国结"的形象设计了一枚独特的会徽,相互环扣象征着吉祥如意,并且图案尤似一个打太极拳的人形,它表现了中国传统体育文化的精髓。后来陈绍华从众多参赛者当中脱颖而出,荣登"国手"宝座,一举中标,成为世界瞩目的一颗明星。

陈绍华成了人们眼中的幸运儿,但是有谁知道,他的成功绝不是从天上掉下来的。陈绍华从小是一个特别留意身边小事的孩子,每一次灵感闪现,他都会记在一个小本子上,不管当时有没有用,同时,他在平时也练就了相当深厚的美术功底。长大后,他在第六届全国美展大赛、全国第二届广告展平面创意大奖赛、1992年"平面设计在中国"海报征集比赛中都获得了奖项。由此看来,陈绍华功夫是在平时善于积累,到了重要关头才能厚积薄发的,他所设计的奥运会会徽的胜出正是"上帝"对他的奖赏。

学习就是如此,不积小流,难以成江河,在教育孩子时,父母一点要能将这一点,渗透到孩子的脑子中去。

◇让孩子善于提问

质疑是发明的钥匙,是天才的体现,是孩子提高学习成绩的必要途径。然而,有些父母或老师却认为孩子提出质疑是在故意刁难自己,给自己出难题。出于自尊心的需要,他们把孩子的质疑强压回去,并加以嘲笑、讽刺。

某小学三年级语文课上,老师正在讲王之涣的《登鹳雀楼》。"白日依山尽,黄河入海流……"

一个学生举手问道:"老师,太阳落山时,都是红红的,可这首诗为什么

解放父母　解放孩子

写'白日依山尽'呀？应该是'红日依山尽'呀？"老师看了看教科书，张口结舌，不知所措。突然，老师瞪圆了眼睛对着学生吼道："捣什么乱？王之涣不如你，怎么没见你的诗歌选入课本呀！"教室里一阵哄堂大笑，这个学生红着脸，低着头坐下了。以后，他再也不敢向老师提出问题了。而全班同学见此情景也都明白了一个道理，那就是对老师讲授的东西不能有半点怀疑。

能够质疑或有新的想法，表明孩子用了心思，进行了认真思考。北宋学者程颐说过："学者先要会疑。"意思是说，学习首先要会提出疑问。不管孩子提出的问题多么天真，我们都应该报以鼓励的态度，保护孩子的这种用心思考的精神，提高孩子的学习兴趣和学习的自觉性，而不是斥责孩子，打击他们的积极性。

对于现在的大部分父母来说，孩子不问问题已经是司空见惯、见怪不怪的事了。据调查，中国8至15岁的孩子，有74.63%觉得"不知道该问什么"或者是"该会的我都会了"。对于这个现象，父母们虽然心里觉得孩子不问问题是不太好，但又觉得只要把老师讲的记住了，考试时能考个高分，不问问题也罢，反正又不会有什么损失。

然而，事实真的是这样的吗？

问题一：孩子不问问题，只要把老师讲的记住了，考试时就真能考个高分吗？

只要你留意一下，你就不难发现，学习好的学生，都是问问题多的学生！为什么呢？原因很简单："主动接受"比"被动接受"的效果要好得多。因为前者顺着问题又更进了一步，了解得多了，对问题本身的理解就会深入得多。虽然都是"接受"，但前者因为问了问题，获得了更多、更深入的知识，所以，无论是记忆的牢固程度，还是在对问题的理解程度上，后者总是不如前者。所以，从考试的分数上来看，不问问题的孩子的分数即使有时比较高，那也是偶然的、经不起时间的考验。从整体来看，还是问问题的孩子的分数高，不问问题的孩子即使把老师讲的记住了，那也是暂时的，而且有可能是片面的。

比如，提起我们中华民族五千年的灿烂文明，人们往往就想到了"四大发明"。一般孩子都是尽义务一般,将其"刻"进脑子里,不会再对此进行追问。但在一位历史老师讲到这里时,一个孩子问道:"老师,你说火药是我们中国人的祖先发明的,那我们打仗的武器应该是最先进的。可是,电视演八国联军侵略中国的时候,为什么八国联军用的是先进的洋枪洋炮,而中国的义和团用的却是大刀长矛?"这个问题很好,说明这个孩子很注意观察,而且善于思考问题、提出问题,所以,当老师把中国的火药技术如何外流,清政府如何闭关锁国、夜郎自大等一一讲清楚后,这个孩子就不仅仅记住什么是我国的"四大发明",而且增加了更多的历史知识,而这是那些不问问题的孩子所无法获得的。

问题二:孩子不问问题,行吗?

假设一下,如果我们都不问问题,那么社会如何往前发展呢?哪一项伟大的发明或发现,不是因为我们先辈不断地研究"为什么"才出现的呢?如果没有蔡伦问:"为什么不能用廉价、轻便的东西代替丝绸或竹简来写字呢?"这个问题,我们今天能凭借这雪白的纸,一起来探讨如何教育孩子的问题吗?如果人类的智慧只是局限在当时的用丝绸或竹简来写字,知识不能够得到最大限度的传播与交流,那么会有我们科技的无限发展吗?

或许你又要说,他们都是科学家,当然要问为什么了!我孩子又不是!难道他们天生就是科学家吗?当然不是!通过各种传记我们不难发现,在这些大科学家、大学问家的身上,无不有着相同的一点,那就是:遇到自己不明白的,都要问个为什么,直到把问题搞明白,就是这探询的过程,往往促进了伟大的发现或伟大的发明。区分伟人和凡人的方法有时很简单,就看他是否会问问题!

所以孩子不问问题,基本上就可以断定:你的孩子与"伟人"无缘,不会在人类文明的大厦上加砖添瓦!

有可能你对别人的"天才教育"、"神童教育"无动于衷,因为你对孩子的要求并不高,只是想让他做一个平凡的人,所以就无须去问为什么了。其实,这个想法没有理解这其中的意思,我们不可能人人成为"伟人",但我们同样应该拥有优秀的品质,因为如果没有这一个品质的话,连一个凡人都有可能做不好!

解放父母　解放孩子

问题三：孩子不问问题，该怎么办呢？

对于孩子"不问问题"这个问题，有的父母把其原因归结为"孩子性格内向"，其实这是片面的看法，人的性格固然有"内向"和"外向"之分，但无论是"内向"还是"外向"，他都有问个"为什么"的"自然动力"，因为这是孩子的天性。所以孩子的起点是一样的，任何借口都只是强词夺理！

那么，为什么会出现"不问问题"的孩子和"问问题"的孩子呢？问题出在孩子的婴幼儿时期！

在2004年进行的一项调查表明：在设定的孩子"拆装闹钟"的具体情境中，高达41%的家长会对孩子训斥、警告。对孩子的提问，53%的家长会不耐烦、不屑于回答或敷衍。那么你呢？你是否对于孩子那莫名其妙、无法回答、没有答案的问题，表现出上面的情况呢？如果有，在一次又一次的"不耐烦、不屑于回答或敷衍"中，你的孩子还会再去问问题吗？结果是很显然的，所以，提高认识，防微杜渐，不要在孩子已经成型之后再去买"后悔药"，而是应该善待孩子的好奇心、提出的问题，尽自己的可能去回答孩子的提问，根据孩子不同的年龄和认识事物的不同程度，来告诉他不同的答案。千万不要认为自己回答不上来孩子的问题，就是家长权威受到了挑战，遇到这样的情况，你所要做的，是放下家长的架子，和孩子一起去研究问题。比如：你的孩子问了一个和当年牛顿问的同样的问题："为什么苹果从树上掉下来，会落到地面，而不是飞到天上去？"你会怎么回答呢？是说："你哪来那么多事儿，哪儿凉快哪儿呆着去！"还是说："这个问题牛顿早就研究出来了，原因是地球的引力作用，这个规律叫'牛顿万有引力定律'。"如果你是这么回答，那你的孩子的好奇心还是不能完全满足，因为他理解不了。

这时，你就应该想一想，怎么解释，孩子才会明白呢？这当然应该从实际出发，而不是套用别人的模式。比如，如果你的孩子比较小，还不知道什么是"吸引力"的时候，你可以找一块儿磁铁，让孩子看一看，把一个小铁钉靠近磁铁，小铁钉往哪儿跑呢？地球就好比是磁铁，而苹果就好比是小铁钉，小铁钉跑到磁铁上去，苹果当然要跑到地球上来了。至于这是什么原理，等到孩子明白什么是磁铁的"引力"时，再跟他解释。

另外，千万不要认为自己"忙"或"烦"，就忽视或粗暴地对待孩子的提问，将孩子的前途和命运视同儿戏，错过培养孩子的大好机会，要知道，你的孩子有可能就是牛顿、爱迪生、蔡伦!

说到这里,多数家长或许会说:"我已经错过培养孩子的大好机会,到那里去买'后悔药'呢?""后悔药"当然是没有的,但也并不是说无药可救了,只要努力,局面还是可以挽回的。

孩子之所以不问问题,一是因为好奇心没有得到满足,二是因为思维惰性。所以,如果要补救,先要让孩子对"问问题"的重要性有足够的认识,然后,鼓励孩子大胆地去问,去想,去探究。在孩子试着这样做之后,要及时地鼓励,当然,也要切合实际,切莫走向极端。

事实上,能够提出疑问是创新思维的源泉。对于一切总是不经思考就继承,把自己的大脑作为装知识的篓子,这样的孩子是永远无法真正的进行学习的。

◇帮助孩子提高阅读能力

在国家大力提倡素质教育的情况下,优秀的阅读能力自然成为孩子提高学习成绩的一个关键所在。

父母要想让自己的孩子对读书抱有浓厚兴趣,以此提高孩子的阅读能力以及学习的自主性和主动性,完全可以采取未雨绸缪、先行一步的策略,从孩子幼年开始,以科学的方法培养孩子的阅读能力。

一、在孩子身上播下爱看书的种子

想亲自为孩子播下一颗爱看书的种子吗?

你要每天抽出一点时间,和孩子一起看书。

你要善用睡前讲床边故事的机会,大声读书给孩子听。

你要把读书纳入全家人的休闲计划中,让读书成为家庭生活的一部分。

你要带孩子上书店,或逛书展,让他有机会自己摸书、看书、选书。如果

解放父母　解放孩子

要送孩子礼物,不妨考虑送图书。

你要提供适合孩子认知程度的读物,如3岁以内幼儿的书,要字大、图大、字配图,文字浅白,一页一图等。

你要安排舒适自在的阅读环境,同时把书本放在孩子容易拿到的地方,鼓励孩子一读再读,同样一本书,每读一次,体会和收获都不同。

你要让孩子有机会活用书本上的知识。如外出旅游、鼓励孩子发表意见,让孩子发觉读书的好处且可使自己受益无穷。

你要在孩子的房间设一专门书柜,随时摆上他们爱看的书,让孩子和书生活在一起。

你要不间断为孩子读书作计划。即使孩子已经会自己阅读了,还是喜欢有时候家长为他们朗读某种书。

你要使孩子进入图书馆,书愈看愈广,此时不妨利用家庭附近的图书馆,为孩子办一张借书证,让孩子学会如何运用图书馆的藏书。

读书,长知识,益智慧,同时也能陶冶情操。医学家和心理学家发现读书还有显著的辅助治疗疾病的作用,有计划、有目标、有选择地读书对防疾健身也大有裨益。

二、父母怎样"陪"孩子读书?

一些父母在陪读过程中充当"监工"的角色,孩子学习时,父母端坐旁边,不时旁敲侧击:"你又想玩了"、"你的心跑到哪里去了",有时干脆武力征服。孩子处在这种情况下,思维游离不定,既要思考问题,又要顾及父母的反应,其效果可想而知。

孩子年龄小,自制力不强,父母对其进行督促是很有必要的,但要适度,切不可变督促为管制。孩子做作业之前,父母可提供一些适当的质量、时间要求以及注意事项;孩子做作业过程中可给予适当的提醒;完成作业后可以给予适当的检查。

不过,孩子在学习或做作业时需要相对独立、安静,父母不能用种种理由频频打扰。另外,在孩子遇到难题解答不出时,父母应在旁指点而非代劳。

一些父母"陪"孩子读书,往往越俎代庖,将指点变为代劳,孩子在做作业前,要先唠唠叨叨说上好一会儿;做作业过程中,又在一旁动口动手,甚至代其思考;检查作业发现错误时亲自订正,或直接告诉孩子错误之处……这一切很容易使孩子养成学习上的依赖性和惰性。

三、怎样为孩子选择图书

为孩子选择合适的图书,从小培养孩子阅读的兴趣,享受阅读带来的乐趣和满足,可打开广泛的知识大门,使他们进入多姿多彩的图书世界。

①阅读之趣不嫌早。

有些孩子常说:看书没什么用,我看电视就可以了。"但是,他们不知道从不看书的孩子注意力短暂,也不懂怎样有条有理地辩论。更不幸的是,电视往往带给儿童一个扭曲、肤浅的世界,在这个世界里,孩子几乎不必想象,也极少有机会创作。

让孩子认识到阅读的重要和培养看书之趣永远不嫌早。你要抽空为自己的孩子朗读图书。小孩熟悉的押韵儿歌可稳定儿童的情绪,重复的句式也能帮助幼儿增强记忆力。读故事时你还可以把孩子抱坐膝上鼓励他指着图书和文字就像他在跟你一起念一样。儿时听到、学到的童谣是一生难忘的,所以要选择优美的歌谣读给孩子听。

②给幼儿选多插图的书。

幼小的孩子,可以给他一些图书,教他们怎样翻书,为幼儿选的图书,插图线条要清晰明确、情景熟悉、温馨,且用色要鲜明。例如多用红、黄等暖色。即使是幼儿,也可以带他到图书馆去,教他选择图书和借书。每周带孩子去一次图书馆,可成为全家人愉快的活动。

4~7岁的孩子可以开始自己阅读了。给孩子阅读的图书字体要大,每页的字数不宜太多。对年幼的孩子来说,插图能帮助他理解故事,猜测不懂的东西。

③持之以恒地引导读书。

学习阅读应该是一个愉快的活动。幼儿需要成人不断地鼓励和赞赏。例如用注音符号、集中识字、随课文识字、诵诗识字等,都是帮助儿童识字的方法。无论采用哪一种方法教导孩子识字、读书,关键是持之以恒。即使掌握了数百个字、能尝试自己阅读适龄读物的孩子,还是喜欢听成人讲故事和读书给他听。给孩子讲或朗读不同类型的儿童图书,不但可以加强亲子间的沟

解放父母 解放孩子

通,使生活更丰富,也可以帮助孩子认识新字。

为幼儿选读故事书时,还要留心他们的接受能力。香港有个小女孩每当听妈妈讲"小红帽"和"七只小山羊"两个童话故事时,都怕得跑开。原来两个故事中的狼都给剪破了肚子,才救出小红帽的外婆和七只小山羊。孩子被这个情景吓坏了。

不同的孩子对这些古典童话的残忍情节会有不同的反应。有些反应强烈,有些则若无其事。最熟悉孩子的还是爸爸妈妈。因此,最理想的做法是,你把孩子要看的图书先看一遍。为孩子选择图书除了要"知书"之外还要"识人"。你要知道你的孩子关心些什么?他和朋辈间的话题是什么?他们有些什么娱乐活动?他认同的偶像、事物是什么?就从他们生活中的兴趣着手吧!

④培养孩子读书的方法。

留意书局和图书馆的推荐介绍活动,这些活动有助于引发孩子的阅读兴趣或接触到新作者的书。

有些孩子很早就喜欢看书,也阅读了很多古典童话和名著故事。对于这些阅读能力强的孩子,让他们参加书会是很有帮助的,可以互相交换阅读,还可以利用图书馆的馆藏。

如果孩子不爱阅读你要多和老师联系,通过学校与家庭的合作,帮助孩子迈开阅读的第一步。说不定孩子受到成人的引导、鼓励而爱上的一本书,会意想不到地影响他的一生呢!

对于那些不爱看文字,阅读能力较低的孩子,可以先引导他们看那些文句较显浅,思想内容较具体,不抽象的读物。如幽默搞笑的笑话、谜语、童诗、儿歌等。诗歌、短篇故事、问答游戏、智力测试等也可以考虑。儿童都喜欢选择略高于自己年龄程度的书来看。因此,不要因为他们不爱看书而介绍他们看内容幼稚的读物。

有时候,成人介绍的图书,孩子未必感兴趣。但若是年纪较长的朋辈说:"这本书很好看!"他就会去读读看。有的孩子不喜欢看故事书,却可能为弄懂电视游戏机的说明而彻夜不眠。

从小有良好阅读习惯的孩子,到了9岁便可能有兴趣和能力涉猎名著

了。10 岁、11 岁的女孩子往往开始向往爱情故事。描述忠贞、仁慈、可爱的《小妇人》以及《简爱》等浪漫爱情小说都是好几代女性所爱看的。若是女孩子还没有成熟到了解两性关系的程度，父母应该引导她们暂时放下那些畅销的爱情小说。

孩子一旦开始为自己挑选图书，也就意味着他们踏上了自学的道路，这样，孩子从阅读课外书所得到的知识远较课堂上学到的多得多，而他自阅读中所"储藏"的知识和智慧更是一生享用不尽的。

⑤不要使孩子远离文学名著。

据调查，现在好多人包括大学生的家里，不缺电视机、不缺高级音响，独缺书架。许多人是通过电视才知道《红楼梦》、《三国演义》的。

据统计，初中一年级平均每人读课外书 73 本；初中二年级平均每人读 90 本；初中三年级平均每人读 30 本。数目似乎不算少，但内容是什么？是言情小说和反映西方社会尔虞我诈的作品，还有明清浪漫小说和武侠小说，这类书普遍思想性不高，艺术价值不大，书中还有不少"性活动"和"阴阳轮回"等描写，对青少年读者有相当大的消极影响。

有位学者说："没有名著的民族是可悲的，拥有名著却远离名著的年轻一代更可悲。"何况，对一个时代的认识，不仅要看它生产出多少钢铁、汽车，更要看他生产出多少哲学家、文学家、艺术家，看它为人类文明发展提供了多少财富。拿这个来衡量，许多人对《红楼梦》、《阿 Q 正传》、《子夜》等的无知，实在值得悲哀。

◇ 帮助孩子提高记忆力

记忆力对孩子的学习起着异常重要的作用，这是显而易见的。而在很多父母看来，孩子的记忆力是天生的，后天无法做出改变。其实，这种看法并不正确，的确，记忆力和遗传因素有关，但更重要的是和记忆的条件、方法有

解放父母 解放孩子

关。父母如果能尽早有意识地培养孩子的记忆力,让孩子能够有效地提高他的记忆,那么,你的孩子的记忆力不会比任何人的差!

父母想要提高孩子的记忆力,下面的这些建议可供参考:

一、激发孩子对记忆的兴趣

兴趣是学习的老师,孩子对有兴趣的东西能表现出很强的记忆力。要激发孩子对记忆的兴趣,父母首先要给孩子创设一个轻松温馨的氛围,让孩子在心情舒畅中来记忆。孩子在精神放松的状态下进行记忆不仅记得快,而且记得牢。因此,父母应该想办法诱导孩子高高兴兴地去学习,而不要一边责骂孩子,一边呵斥孩子去学习,这时的记忆效果肯定是不好的。同时,父母也可以教育孩子运用一些方法,把枯燥无味的知识进行特殊的加工,从而变成让自己感兴趣的东西来记。

二、给孩子一个良好的环境

良好的环境对于培养孩子记忆力是非常重要的,尤其是年幼的孩子。环境是促进记忆的一个重要方面。良好的环境包括父母在孩子学习的时候,不要去干扰孩子,不要在孩子旁边走动,也不要大声说话、看电视等,以免使孩子分神。同时,父母要注意孩子学习环境的布置。房间内东西的摆放要整齐,杂乱无章容易干扰视线,影响记忆。因此,孩子学习的房间不要摆放过多漫画、玩具等容易吸引孩子注意力的东西,墙壁上不要张贴许多与学习无关的东西,以免孩子的注意力被周围的东西所吸引。

学习时坐的椅子对记忆力也有一定的影响。坐在舒适的椅子上,甚至允许他们半躺着读书和坐在硬板凳上读书的记忆效果是不一样的。

三、让孩子掌握记忆的规律

记忆的过程是识记、保持、理解、再认、再现的过程。在这个过程中,识记是记忆的开始,保持是记忆的中心环节,理解是保持的基本条件,再认和再现是记忆水平和质量的反映。

记忆有自身的规律,这是由遗忘规律所决定的。专门研究记忆的心理学家艾宾浩斯做过一个著名的实验。实验的结果是:熟记13个无意义的音节后，仅过一个小时，就遗忘了七个；两天后，又遗忘了一个；六天后，虽然遗忘还在进行，但是速度更慢了。可见，当记忆过程一结束，遗忘就开始了。遗忘的速度是先快后慢，记忆刚结束，在短时间内就会遗忘很多，越往后则遗忘越少。

正是因为已经记住的东西在遗忘的时候有先快后慢的特点，所以父母要教育孩子掌握记忆的规律，针对遗忘的特点来进行复习。一般来说，刚学过的东西要多复习，以后的次数可以逐渐减少，间隔时间可以逐渐延长。对于年级较低的孩子来说，最好间隔一天，如果孩子要准备考试，则父母要强调平时经常复习，多熟悉教材，进行有意识的背诵，这样可以提高孩子的记忆效果和对记忆的信心。

四、让孩子明确近期记忆目标

人不管做什么事，都要有目标。这个目标，诱惑着人，引导着人，使人步入更高的境界。同样，父母必须使孩子清醒地意识到，自己的学习总是有一定的目标的，这是成功地改进记忆效能的一个前提和基础。

那么，如何确立记忆的近期目标呢？关键是要学会安排记忆进程，把长远目标划分成若干不同的近期目标，一个一个地实现，一个一个地跨越。每当达到了一个近期目标，就能增强信心，改进记忆效能，提高记忆速度。当达到了所有的近期目标后，苦心积虑所要追求的长远目标也就胜利在望了。而对长远目标的靠近，无疑会更强有力地刺激记忆效能，从而更有效地提高记忆能力。

例如，一个小学生要学习英语，倘若笼统地确立一个目标，将来出国深造——他会感到前途渺茫；如果确定不同的近期目标，先完成容易的部分，如每天学习10个名词，进而掌握动词、形容词、副词等，他就会感到信心十足，感到学习语言不再是枯燥乏味的工作。

孩子每一次克服了困难，每一次获得了成功，自信心便会随之增长，而自信心同时又鼓舞他去争取更大的成功。各种各样的学习和记忆活动，都可以运用这种方法，化整为零，使长远目标分解成若干不同的近期目标，由易而难，由浅入深，不断地刺激学习兴趣，增强记忆力。在学习过程中，你的孩子如果能给自己提出一个记忆目标，充分利用有意记忆，那么就可以使记忆

效果大大提高。

五、让孩子在理解的基础上进行记忆

在积极思考、达到深刻理解的基础上记忆材料的方法，叫做理解记忆法。理解记忆的基本条件是对材料进行思维加工。

有些材料，如科学概念、范畴、定理、法则和规律、历史事件、文艺作品等，都是有意义的。人们记忆这类材料时，一般都不采取逐字逐句死记硬背的方式，而是首先理解其基本含义，即借助已有的知识经验，通过思维进行分析综合，把握材料各部分的特点和内在的逻辑联系，使之纳入已有的知识结构，以便保持在记忆中。

理解记忆的全面性、牢固性、精确性及迅速有效性，依赖于孩子对材料理解的程度。理解记忆的效果优于机械记忆。

艾宾浩斯在做记忆的实验中还发现：为了记住12个无意义音节，平均需要重复历5次；为了记住36个无意义音节，需重复54次；而记忆六首诗中的480个音节，平均只需要重复8次！这个实验告诉我们：凡是理解了的知识，就能记得迅速、全面而牢固。不然，愣是死记硬背，那真是费力不讨好。

理解记忆是以理解材料内容为前提的。这种理解不仅指看懂了材料，而且包括搞懂了材料各部分之间的逻辑联系，以及该材料和以前的知识经验之间的关系。因此，在记忆材料的时候，我们要尽可能向孩子强调"先理解、后记忆"的要求，而不要从一开始就逐字逐句地死记。

六、增强孩子记忆的信心

记忆力的好与差不完全是天生的，是可以训练的，记忆力是可以提高的。但对自己的记忆能力失去信心，就很难提高了。只有有信心，才能集中注意力、开动脑筋、想方设法把它记住。因此，父母切忌打击孩子记忆的信心。如有的父母骂孩子"你什么都记不住，一点记性也没有，对你说了也是白说"等等，是很不妥当的。父母要了解孩子记忆的不足之处，记不牢或记不正确的原因，耐心帮助他，要多给予鼓励，从小就培养孩子对自己记忆力的信心。

七、练习、练习、再练习

父母不妨和孩子一起不断大声重复一些他们要背诵的东西,多重复几遍之后,孩子就会觉得背诵非常简单。经常考一考孩子他新学的字或者加减法,越多的练习,孩子就越熟练。在考完孩子简单的字以后,应该很快把程度加深,考他一些更难一点的字,孩子慢慢会意识到记忆是一个积极的过程,他会越来越因为努力而感到自己是聪明的,他会因为自己能机智地应对那么多的问题而越来越自信。

八、指导孩子记忆的方法

善于运用各种记忆方法是提高记忆力法宝,父母要针对孩子的不同年龄阶段,进行记忆方法的指导。年幼的孩子记忆保持时间短,记忆的主要方法是机械识记,要他们记住某种内容就要不断重复,可教他们背诵一些儿歌、诗歌,记住一些简单的科学常识。入学前的儿童已会运用意义识记,可以教他们运用顺序记忆、归类记忆、联想记忆等识记方法。入学后要记住一篇课文,可用整体记忆和分段记忆等方法。

关于记忆的方法还有很多,这里不可能一一的详述,还需要父母在实践中发现并教给孩子。总的说来,将孩子引入记忆方法之门,让他知道用有效的记忆方法可以提高记忆力,促使他去探索、交流、创造适合自己的记忆方法,以达到提高记忆的目的,这些都是孩子提高学习成绩的必要因素,父母有必要切实有效地做到。

解放父母　解放孩子

◇让学生懂得珍惜时间

对时间的价值没有没有深切认识的人,决不会坚韧勤勉。谁能抓紧时间,做时间的主人,谁就能比别人学到更多的东西。在学习中,能抓紧时间的孩子也必然会取得好成绩。但事实上,在现实生活中,却有许多孩子还不懂的时间的珍贵,在学习时总是喜欢拖延和推委,这不但让父母的教育做了无用功,而且会耽误了孩子的学习和成长。实在是孩子学习的一个最大弊端。

所以说,作为父母,我们一定要能让孩子纠正这种坏习惯。

成语"舞鸡起舞"源于这样一个励志史实:

晋代名将祖逖年轻的时候,胸怀大志,他与好友刘琨两人相互勉励,珍惜每一刻时间,苦练本领,决心恢复中原。

在一个寒冷的夜晚,北风刺骨,雪花纷飞。突然"喔喔"的鸡鸣声划破寂静的夜空,听到鸡叫声的祖逖一推与自己一同下榻的刘琨喊道:"鸡都叫了,咱们快抓紧时间练剑去吧!"当时正是半夜,古时"半夜鸡叫"有不吉之说,可祖逖一边整装,一边对同伴说:"半夜鸡叫有什么不好,它是在提醒我们别睡过了头,耽误了宝贵的时间!"他俩拿起宝剑来到室外,奋力舞动,只听宝剑嗖嗖、喘声吁吁;脚下雪融化,身上汗淋淋。从此,不论严寒酷暑、风吹雨打,两人一听鸡鸣,立即翻身下床,勤奋练剑。后来,二人都驰骋疆场,为自己的国家建立了赫赫战功。

伟大的思想家、文学家鲁迅,幼年在"三味书屋"求学时,就在课桌上写下"早"字,以警示鞭策自己珍惜时间,发奋读书。后来他写文章,经常一写就写到天亮,有时实在困了,就泡一杯茶、抽一支烟,又继续工作,直到他临死前三天还替人家写"序言",临死前一天,还记日记,实践了他"节省时间,等于延长了一个人生命"的思想。

祖逖"舞鸡起舞"和鲁迅先生刻"早"的精神令人敬佩,也值得学习。而如今的学生们,很少有人具有他们这种惜时如金的精神,爱磨蹭、爱拖拉的毛病在很多孩子身上都能看到。

作为父母,我们一定要能随时告诫孩子珍惜时间,千万不能让拖延和推委成为孩子学习上的绊脚石。

一、告诉孩子,一寸光阴一寸金,寸金难买寸光阴

朱熹是南宋时期的伟大思想家、教育家。他一生治学勤奋,著作等身。他之所以能取得过人的成就,与他珍惜光阴、不舍分秒分不开。他特别强调读书要"着紧用力",不能因为时间宽裕而悠然自得地放松自己,而是要抖擞精神,像去救火治病那样有紧迫感,像水上撑船那样一篙不缓地努力往前。到了晚年,朱熹看到自己的满头白发,想到许多事情还没有来得及完成,便深深感到"光阴似箭,岁月如流",他望着梧桐树的黄叶在秋风中簌簌落下,更感到人生短暂,来日不多,便慨然写下一首诗:"少年易老学难成,一寸光阴不可轻。未觉池塘春草梦,阶前梧桐已秋声。"

我们不妨为孩子们算一笔帐。人生短暂,转眼就是百年。然而能活到上百岁的又有多少呢?即使上百,按三分之一的睡眠时间算,那么你最少要睡上三十几年,必要的饮食消遣也得花去十几年时间,况且还有老弱幼稚阶段。这样细算之下,真正能用到学习、工作上的时间就少得可怜,这极有限的时间如果我们再抓不住,那就会一事无成。难怪古人云:"少壮不努力,老大徒伤悲。"

二、告诉孩子,浪费时间将受到时间的惩罚

历史上因为等一天而耽误事情,甚至酿成大祸的事例举不胜举。

1814年6月17日,拿破仑在击败普鲁士军队以后,错误地让军队休息一天,6月18日才开始进攻固守在滑铁卢的英军,结果给了英军构筑工事的时间,从而导致18日滑铁卢一战的惨败。试想,拿破仑抓住战机,马不停蹄地进攻英军,那么欧洲的历史将会重写,拿破仑统治的法国将更加强大。

"明日复明日,明日何其多",青少年时期是学习的最好阶段,一定要珍

解放父母 解放孩子

惜每一刻的时间,在这一点上如果孩子难以做到,那么就需我们做父母的去帮助和教育。

第九章

让孩子学会如何与他人沟通

解放父母 解放孩子

◇ 孩子应该拥有自己的朋友

　　成人需要朋友,需要从友谊中得到力量,孩子同样需要。对于孩子的交友问题,父母一般都比较重视,毕竟"近朱者赤,近墨者黑。"父母都希望孩子的朋友是品学兼优的好学生,这样就可以给孩子带来有益的影响和帮助。

　　著名教育家孙云晓教授曾在央视"百家讲坛"中讲到,让孩子拥有自己的朋友比拥有好的学习成绩重要。孩子只有有了自己的朋友,他才会有更多的生活体验,学会如何与人相处,如何关心和帮助他人,如何解决与他人的矛盾,如何向别人学习……,这样孩子才能从中获得交往的快乐,也才能有健康的人格。

　　但现实情况是:很多父母发现,自己孩子交往的朋友不能令自己满意。这时,有些父母就会按照自己的意愿去要求孩子选择朋友,殊不知,这样做会给孩子带来了一定的心理压力,甚至还会引起孩子的逆反心理。如何正确地对待孩子的交朋友问题呢？这个问题一直困扰着许多父母。

　　其实,这里面的关键在于父母要转变态度,放开孩子的双手,信任孩子,让孩子自由地交友,让孩子拥有自己的朋友,尊重他的选择,而不是用挑剔的眼光来衡量他们。这样,孩子自然也就会接受父母的帮助和指导。

　　一个没有朋友的孩子是孤独的,而在这种孤独中,孩子很可能会出现各种各样的问题,严重的还可能陷入犯罪的深渊。来看一则实例:

　　有个学生名叫王晓龙,学习成绩非常好,曾拿了全国中学生化学奥林匹克竞赛第一名,因而被保送到北大化学系。但在他读大学三年级的时候,却因犯故意杀人罪被判处有期徒刑11年。

　　原来王晓龙从小就只知道学习,不会交往,没有朋友。到大学三年级后,他发现没有朋友很难生活。但交朋友是需要学习的,他不会。他就和同宿舍的一个男同学形影不离,两个男生天天粘在一块儿,别人觉得很奇怪,于是议论纷纷。那个男生受不了这种议论就不和他来往了。王晓龙很生气,要报复那个男生,搞来一种剧毒的化学物品——铊,投放到那个男生的牛奶杯中……

王晓龙在学习上是一个无可挑剔的优秀孩子,他为什么会犯下故意杀人罪呢?这里面,除了他自己的因素外,他的父母也有着不可推卸的责任,在王晓龙的成长过程中,他的父母并没有意识到孩子缺乏朋友的危险性,没有意识到孩子有心理上的障碍。

出于对孩子的关心,很多父母都喜欢干涉孩子的交友,以致孩子很难交到朋友,甚至没有朋友。在这个合作的时代里,任何人都不能离开群体独立存在,孩子也是如此。没有朋友的孩子,其内心势必会产生对友谊的极其渴望,行为上的孤僻与内心中的渴望容易造成孩子性格的扭曲。只有孩子拥有了自己的朋友,他才可能有健康的人格。

当然,让孩子自己选择朋友的并不代表孩子无论交什么样的朋友都可以,这里面还存在一个度的问题,而父母要做的就是适时适当地把握这个度。

再来看这样一个故事:

美国佛罗里达一个10岁的男孩杰森和一个叫罗伯特的男孩是好朋友,经常到对方家去玩。罗伯特的父母从不约束孩子的行为,这两个孩子于是常常恶作剧,往经过的汽车下扔鞭炮。有一次,杰森去罗伯特家玩时,发现罗伯特的爸爸有一个没上锁的抽屉,里面全是枪。杰森有些害怕,于是就告诉了母亲。母亲其实也很喜欢罗伯特,但为了孩子的安全和前途着想,禁止孩子再去罗伯特家玩了。

近朱者赤,近墨者黑。父母对孩子交友的担忧有一定的道理。试想,杰森的母亲如果不阻止孩子的交往,后果将会怎样?孩子由于年龄小,分辨是非的观念不强,需要父母的及时指导。尊重孩子选择朋友的同时,也要帮助孩子选择,把握好度的问题。

解放父母 解放孩子

对待孩子的交友问题，父母最好是尊重孩子的选择，让孩子拥有自己的朋友。父母不能以自己的意愿来强求孩子选择朋友，也不能对孩子的交友放任不管。只要孩子的朋友品质上没有问题，父母就不应该干涉他们的交往。

那么，如何才能真正地让孩子拥有自己的朋友呢？以下的几点建议父母可以作为参考：

一、提早教给孩子正确选择伙伴的方法

应提早教给孩子怎样和伙伴相处，和他沟通、讨论他的需求和困惑，不要等看到危险信号出现了才仓促"应战"。父母要清楚什么是该做的，什么是不该做的。除非你有足够的理由相信，孩子的交友行为是极其危险的，否则就不要干涉他。

二、不要给孩子施加压力

在孩子交不到朋友时，父母不要施加太大的压力，即使你感觉到孩子是多么孤独。父母可以利用这个时间帮助孩子学习各种可以和他人分享的技能，比如学会下棋、乐器演奏，对音乐或艺术兴趣的开发会让孩子有和他人一起分享的激情，或者鼓励他们参加足球队或上体操课，这样的活动会让孩子感受到自己是整个团队的一部分，一旦他们有了能一起分享这些兴趣的伙伴，也就不会结交不恰当的伙伴了。

三、尊重孩子间的差异

孩子的社会需求是不同的，了解这点很重要。比如，并不是每个孩子都需要很多朋友。数量不等于质量。对有些孩子来说，一两个朋友就足够了。12岁的莎拉·凯勒是一个聪明、创造力强的女孩，喜欢跳芭舞和弹钢琴。当她不是一个人玩的时候，她总是和一个最要好的朋友在一起。不过，她9岁的妹妹雷切尔却恰恰与她相反，她们的母亲说："我常开车送雷切尔去参加一个又一个社交活动。我曾劝说莎拉多出来活动活动，但我终于发现，莎拉的兴趣和雷切尔不一样。"

四、别用打骂逼孩子"绝交"

一旦遇到孩子结交了不适当的伙伴,首先要冷静分析,不要直接逼迫孩子与伙伴"断交",在了解情况时要表现出兴趣,不要只是问一些诸如"他是谁,是做什么的,在哪里认识的"这样肤浅的问题,应鼓励孩子说出他和朋友之间交往的每一个细节,表示出你愿意和他共同分享的兴趣。尊重并认可孩子的想法,即使你反对他们的交往,也不要急于让孩子接纳你的观点。不妨花时间多和孩子接触,多倾听他的心声,坚持下去就会带来积极的变化。

◇培养孩子的宽容之心

宽容是人类的最崇高的美德之一,它体现了一个人高尚的人格;宽容是吹拂在人们心头的春风,它可以融化凝结在人们心头的寒冰;宽容像一支饱蘸思想感情的笔,它可以把胸中积怨一笔勾销,在两颗心灵之间架起一座友谊的桥梁。父母要想让孩子学会如何与他人沟通,就首先要让孩子学会宽容、学会谅解。

在日常的生活与学习中,父母应该教会孩子宽容,得饶人处且饶人,不要过于斤斤计较,当然,这并不是说让你的孩子凡事都要忍,都要吃亏,而是说在坚持的一定原则的前提下,常以一颗宽容的心去处理生活中的矛盾。这样,孩子才能与父母、同学以及老师等在相互体谅的过程中携手共进。

来看看一位小学生的经历:

作为班上的生活委员,换饭票这个任务,就落在我肩上了。由于是第一次换饭票,对此还没有经验,我把饭票发错了。20元一份的饭票当成10元一份发给了同学。饭票发完了,可还有几个同学没领到饭票。当时把我急坏了,老师给的总数肯定不会错,一定是我多发了饭票。我着急地到宿舍去问,有没有发错了,同学们听了都立刻数饭票,把多了的还给了我。有不知道的

解放父母 解放孩子

过后都陆续送了回来。

我非常感动,发错了饭票,这本来是我的过错,可同学们并没有因此嫌麻烦,发现自己的饭票给多了,他们立刻还给了我。几个没领到饭票的同学,那天中午吃的是方便面,当我把饭票给他们,并向他们道歉时,他们还说我辛苦了。当时我听了,真想哭,由于自己的失误,给同学添了这么多的麻烦。但同学们的真诚、谅解的精神感染了我,它激励我更加努力地工作,多为同学服务,以不辜负同学们对我的支持。

我们的集体是团结的、温暖的,但在实际学习、生活中也不免发生误会。这就要求你遇事时要多从自己身上找不足,这样关系才有可能融洽。记得那天正值扫除,一个同学负责拖地,他懒懒散散,我很生气,心想,别的同学都很认真地干活,只有你那么心不在焉,太不认真了。我走上去,说了他几句:"别人都干得很好,你为什么不好好做呢?"他看了看我,没有说话,但显然生气了。做完扫除了,我看着他正在收拾书包,心里很矛盾,很想上去对他说对不起。因为以前就听同学说过,他是独生子,在家很少做家务活,这次,也许他很认真地去做了,但因为做不惯,没有扫好。这么想着,我觉得自己刚才说的话重了一些。于是我鼓起了勇气,走了过去,不好意思地对他说:"对不起,刚才我的话说重了,你不要生我的气呀!"他听后,笑了,一看到他笑,我放心了,说明他不生我的气了。他反问我:"你同每个同学闹别扭,都道歉吗?"我说:"不,但只要我做错了,我就会这样做的。"从那以后,我们之间,好像从没发生过什么不愉快的事似的。

孩子之间其实就应该这样,只要孩子能真诚的面对每一个人,带着谅解、宽容之心去对待每一个人,那么,他就会赢得每一个人的心。

对于父母来说,如果你的孩子能学会宽容而又善于宽容,那他的生活将会更加愉快,他的学习将会更加顺利,他的人际关系也会更加良好。

那么,父母如何做才能让孩子拥有一颗宽容的心呢?

首先,教育孩子摆正自己的位置,克服自我中心主义。

现在的孩子大多是独生子女,是家庭的小皇帝,全家人都围绕着他转,孩子的各种要求都会得到满足,会认为整个世界都是以他为中心的。作为父母,首先要认识到,其实孩子也只是家庭中普通的一员,不能享受更多的特权。孩子会自我尊重了,还要教会孩子尊重别人,因此父母要教育孩子懂得尊重含义的另一方面,那就是别人也是有价值的,也是同他一样独一无二的。

其次,教孩子学会关心他人,在关心中学会宽容。

德国人最能体会宽容的真正含义,他们在教育孩子时非常注重对孩子的善良品质的培养。因此,同情弱者、善待生命是德国儿童教育的重要内容。在他们的"宽容待人"教育中,有这样一个故事:"一个叫雪丽的7岁小女孩在自己的生日晚会上遭到好友梅芙的无端抢白而感到大丢面子,因而试图报复以泄心头之恨。但后来在母亲的劝说下,她通过和梅芙谈心了解到:当时梅芙喂养的小兔子突然死去,心情十分沮丧,故难免'出言不逊'。在经过一番'将心比心'后,雪丽宽容地原谅了梅芙,两个小伙伴的友谊更深厚了。"在生活中碰到类似的事情时,父母不妨学一学雪丽母亲的做法,让孩子在社会交往中学会关心他人,在关心中学会宽容。父母不能急于求成,尤其不要自作主张地让孩子去宽容,而是当孩子有了宽容的行为时,要及时鼓励,给予强化。教孩子学会宽容别人、理解别人,不仅能帮助孩子建立了一套健康的与人交往的生命原则,同时,还能赋予孩子一种生命智慧以及换位思考的能力。

最后,创造一个和谐宽松的家庭环境,用自己的言行影响孩子。

著名教育家多蒙茜·洛·诺尔特如是说:"如果一个孩子生活在敌意之中,他就学会了争斗……如果一个孩子生活在安全之中,他就学会了相信自己和周围的人。如果一个孩子生活在友爱之中,他就学会了这世界是生活的好地方。"孩子如果生活在一个宽容友爱、温馨和谐的家庭环境中,就会逐步潜移默化地形成一种持久的宽容忍让的善良品质。

解放父母 解放孩子

◇让孩子学会分享与合作

细心的父母的不难发现,现在的孩子,大多数在物质方面什么都不缺,可是却越来越"独",越来越小气,越来越自私,不愿意和别人一起分享,别人的就是自己的,自己的还是自己的。在别人有好东西而自己没有的时候(比如玩具或者零食),就想着办法和别人一起"分享",而当自己有别人没有的时候,却不愿拿出来。

5岁的凯特有"吃独食"的习惯,"占有欲"特别的强,有了什么好东西,总是自己占着,让他分一点给爸爸、妈妈都不肯,一次爸爸下班回来吃了他喜爱吃的糕点,尽管爸爸表示明天立刻给他买,可他仍然哭闹打滚,不依不饶。他的玩具更是不让别人碰。记得邻居孩子莎丽来家玩儿,看见凯特正在玩小火车便用手摸摸并说:"好神气的小火车呀!"凯特小气地将小火车收藏起来,并说:"这是我爸爸买给我玩的,你回家让你爸爸给你买呀!"

才5岁的孩子,"我"字在他脑海里竟如此膨胀,将来长大,这个以"我"为中心的小气的孩子岂不是要自尝苦果?

所以,对于父母来说,应该帮助孩子从小就学会分享。小明的父母采取了一系列的措施,努力地改变孩子的"小气",结果证明,效果还是很明显的。下面就是小明父母的自述,或许会对一些"心有戚戚"的父母有所启发。

要让孩子学会分享,家庭生活就不能处处以孩子为中心。

首先,我们取消了孩子的独食,宁可经济上多支出一些,好东西也要大家分,有时我们有意识地少吃一些,也尽可能不让孩子察觉。

其次,再也不时时处处都围着孩子转,把孩子看成"小皇帝"了。过去,孩子有点芝麻大小的事,只要吆喝一声,我们便放下手中的一切,哪怕正在炒菜,也风风火火地赶到孩子身边。现在孩子有什么事,得过来给大人讲,不急的事要等大人的事告一段落再去解决,这样逐渐去掉孩子以"我"为中心的意识。

再次,要让孩子心中有父母、有他人,让其懂得是父母、他人、国家和社会为他带来了幸福。我们有意识地带孩子去看新生儿的父母是怎样无微不至地照料婴儿的,以帮助孩子补上记忆中缺少的那部分。孩子看到新生儿的母亲托着孩子的屎观察孩子消化情况时深深被感动了:"妈妈真好!"风雪天当孩子裹在羽绒服里还在瑟缩时,我们提醒他看看顶着风指挥交通的警察叔叔,想想日夜守卫在祖国边境的边防军战士;烈日炎炎的盛夏,我们有意识地让孩子在太阳下站一站,体味一下酷热,再看看那些正在施工的建筑工人,想想在田里挥汗如雨劳作的农民……如此日复一日年复一年的教育,小明总算有了明显的长进,吃东西知道和父母分享了,外出知道关心"他人"了,小客人来了也懂得热情接待了。

小明父母的做法值得称道。现实生活中,小气的孩子并不少见。"小气"虽然不是什么特别大毛病,但父母如果不能及时地帮助孩子进行纠正,那就会影响孩子的一生。试想,一个什么都不愿与他人分享、独占意识很强的人,又怎么能与他人形成良好的人际关系、学会和别人进行合作呢?而在这个越来越联系密切的世界里,全球都在朝"地球村"的方向发展,互助与合作是无可避免的趋势,没有谁会和一个自私自利、只想着自己不管别人的人去合作的,而在如此竞争激烈的社会里,单靠一个人的努力几乎是做不出什么来的,毕竟一个人的力量太微弱,太渺小,没有合作的竞争是苍白无力、注定以失败而告终的。

所以说,作为父母,一定要有意识地去培养孩子学会分享与合作,只有这样,你的孩子在长大成人之后,才能很好地与他人沟通,也才能很好地生存。

第九章 让孩子学会如何与他人沟通

解放父母　解放孩子

◇让孩子懂得关爱他人

每个人在出生时都如同一张白纸，长大后会变成怎样关键在于后天的教育和培养，孩子对他人的态度同样来自于后天的教育和培养。是让孩子自私自利，还是让孩子学会关爱别人，全在于父母是如何教育孩子的。

某电视台节目录制现场，两个青春活泼的男、女主持人和一群孩子正兴致勃勃地做游戏、聊天。主持人首先问孩子们说："爸爸、妈妈都知道你们的生日吗？"

孩子们异口同声地回答："知道！"

主持人接着问："爸爸、妈妈给你们过生日吗？"

孩子们还是异口同声地回答："过！"

主持人再问："你们过生日的时候爸爸、妈妈送什么礼物给你们？"

所有的孩子都神采飞扬地夸耀着爸爸、妈妈给自己送的生日礼物。这时候，主持人又问孩子们说："你们谁知道爸爸、妈妈的生日？"

这时候，这些刚才还神采飞扬的孩子们突然都鸦雀无声了。主持人问一个秀气的女孩儿说："你知道你爸爸、妈妈的生日吗？"女孩儿涨红着脸，摇了摇头。

主持人接连问了几个孩子，他们都回答不上来。主持人接着问："爸爸、妈妈过生日的时候你们给他们送过什么礼物？"

大多数孩子保持了沉默，只有少数孩子回答说曾给爸爸、妈妈送过生日礼物。

最后，主持人说："孩子们，你们想过没有？爸爸、妈妈为什么能记住你们的生日，而你们却记不住爸爸妈妈的生日呢？爸爸妈妈为什么会给你们送生日礼物，而你们却不知道给他们送生日礼物？"

孩子们都低下了头。主持人接着说："那是因为你们还不知道关心别人，孩子们,你们说这样做对吗?"

所有的孩子齐声回答说:"不对!"

接下来,主持人和孩子们做游戏。男主持人假装摔倒了,躺在地上大约有两分钟没有起来。但是,好像没有一个孩子注意他,也没有人问他怎么了,更没有一个孩子主动去扶他起来。最后,那位男主持人只好自己爬起来。他很伤感地说:"说真的,我躺在地上的时候感到非常心痛。在录制节目之前,我和这些孩子都混得很熟了,但我没想到他们竟然对我如此冷漠!"

由此可见,父母在给孩子无私的爱的时候,一定要考虑这样的问题:孩子们是否意识到自己的欢乐和幸福是父母、老师、学校、社会以及千千万万的长者用心血为他们创造的?他们是否意识到自己也应该为别人做点什么?如果没有意识到这一点,还以为享受这一切天经地义,那么,你的孩子很有可能会变成一个自私自利,只会关心自己的人。

怎样才能让孩子懂得关爱他人呢?

第一,父母一定要成为孩子关心他人的榜样。俗话说:言传身教。榜样的力量是无穷的,也是最有效的。

第二,营造互相关心的家庭氛围。充满温情的家庭氛围对培养孩子的爱心起着潜移默化的作用。父母间经常争吵、谩骂,甚至打闹,孩子时常处在恐惧、忧郁、仇视的环境里,又怎能要求他去关心别人呢?所以,家庭成员之间要互相关心,特别是夫妻之间要恩爱、相互体贴。

第三,学会与人分享。这里有两层意思,既要教孩子学会分享,还要让家长学会分享,而家长学会分享更易被忽视。舐犊之情使为人父为人母的人们都宁肯亏了自己也不愿怠慢自己的孩子,好吃的、好玩的、好用的尽数都往孩子面前堆。一边担心着孩子会发展为不关心别人的冷血儿,一边又在做着阻止孩子学会分享的蠢事。经常会发生这样一幕:孩子诚心诚意请父母分享,父母却坚决推辞,哪怕只是象征性的分享,也不肯接受,而是谢绝孩子的一份好心。久而久之,孩子也就没有了谦让与分享的习惯。可以说父母自己首先要学会分享,坦然地分享,成为与孩子分享的伙伴,孩子才会学会与别人分享。

第四,让孩子了解生活中的一些真实情况。父母总是担心孩子受苦受难,担心孩子遭受挫折。尽管父母自己面临着许多生活的曲折和坎坷,尽管

解放父母　解放孩子

父母有许多不快乐和不稳定的情绪,但父母总是竭力在孩子面前保持平稳。一来错误地认为这有利于树立家长形象,二来美其名曰避免孩子幼小的心灵过早地承受生活重担,其实这是错误的。既然我们在提倡和孩子建立朋友关系,建立平等关系,就应该让孩子了解一些自己的喜怒哀乐,就如家长了解孩子的喜怒哀乐一样,让孩子学着承担家长的一些喜怒哀乐。

总之,关爱他人,具有爱心是孩子与他人良好沟通的必要条件,父母们有必要在这一方面用心教育孩子。

◇ 千万不可目中无人

在现实生活中,目中无人、高高在上者不但不能引起别人的尊重,反而会引起他人对你背后甚至当面的讥笑。父母们应该明白这个道理,也应该将这个道理传输给自己的孩子,让孩子知道:获得别人尊重的惟一要诀,就是练好"谦"字功,先懂得尊重别人。

美国历史上最著名的总统之一富兰克林年轻时是一个骄傲自大、不可一世、咄咄逼人的人。造成他这种个性的最大原因,归咎于他的父亲过于纵容他,从来不对他的这种行为加以训斥。倒是他父亲的一位挚友看不过去,有一天,把他唤到面前,用很温和的言语,规劝他一番。这番规劝,竟使富兰克林从此一改往日的行为,踏上了成功之路!

那位朋友对他说:"富兰克林,你想想看,你那不肯尊重他人意见,事事都自以为是的行为,结果将使你怎样呢?人家受了你几次这种难堪后,谁也不愿意再听你那一味自大骄傲的言论了。你的朋友们将一一远避于你,免得受一肚子冤枉气,这样你从此将不能再从别人那里获得半点学识。何况你现在所知道的事情,老实说,还只是有限得很,根本不管用"。

富兰克林听了这一番话,大受震动,一下子明白了自己过去的错误,决

心痛改前非,此后,他在处事待人时处处改用研究的态度,言行也变得谦恭和婉,时时慎防有损别人的尊严。不久,他便从一个被人鄙视、拒绝交往的自负者,一变而成为到处受人欢迎爱戴的成功人物了。他一生的事业也得力于这次的转变。

如果富兰克林当时没有接受这样一位长辈的劝勉,仍旧事事一意孤行,说起话来不分大小,不把他人放在眼里,那结果一定不堪设想,至少美国将会少了一位伟大的领袖。

父母应该让孩子明白这样一个道理:妄自尊大,目中无人,会让与你接触的人头痛不已,很难给别人一个好印象,从此你所能交得的新朋友,将远没有你所失去的老朋友那样多,直到众叛亲离的绝境。试想到了那时,你做人还有什么趣味?你还能有什么伟大的成就?你的名誉还能靠谁来传扬呢?

如果孩子已经有了目中无人的坏习惯,父母要想帮助他改正也不是一件难事,只要让孩子记住:未来要去成就的丰功伟业还有很多,现在即使有了一点点小成就,比起未来的成就也只是微乎其微。即使有人已对你大加赞美,也只是表明他们的眼界太低,而不能说是你的成就已达顶峰。当你同别人说话时,应该打定主意:你是在向对方吸取学识经验,而不是把你浅薄的学识全部搬出来炫耀。你发表意见时,必须抱着求人将它改善的目的,而不是用来压倒人。因为实际上,没有一个人是情愿被迫接受任何意见的。

人们都不喜欢那些常爱自吹自擂的人,你当然不愿人家也是这样看待你。那么最好的办法,就是在自己谈吐行动之间,处处给人留下一个自由回旋的余地,如果你的意见的确是对的,他们经过思索之后,自然会乐于接受的。万一他们抱着一种成见,始终坚持不接受,那你也必须知道:过分强调、夸大的语气,并非是征服他们的武器,反而易使他们更走异端,与你深沟高垒地对峙起来了。

第九章 让孩子学会如何与他人沟通

解放父母　解放孩子

◇ 让孩子学会倾听

孩子要与人融洽相处，流畅地交流，必须要先学会倾听。倾听他人既是一个听的过程，也是一个学的过程。在倾听他人的过程中，孩子可以从他人的言语中学习到一些自己不知道的知识和他人的为人处事的态度与原则。

但是，在现实生活中，我们往往会发现许多孩子虽然非常善于表达自己，但是却不会倾听他人，无法与人在交往中体现出真诚，甚至不愿意倾听他人的建议和忠告。事实上，每一位父母都应该培养孩子倾听他人的习惯，它将使孩子终生受益。

那么，怎样培养孩子倾听他人的好习惯呢？

一、父母首先要善于倾听孩子的心声

在现实生活中，许多父母都没有认真倾听孩子心声的习惯，这也是孩子无法养成倾听他人习惯的原因。经常有父母这样感叹："孩子有什么话总不肯跟我说，我说什么孩子也不愿意听，真是拿他没有办法。"事实上，父母不善于倾听孩子，孩子说的话就得不到父母的重视，孩子便只会把自己的想法藏起来，而且，孩子还会感觉到父母是不尊重自己的，从此更加减少与父母之间的沟通。这样做的后果将是非常严重的。

心理学家提示父母说："如果父母从不听孩子说话，孩子长大后往往要经过许多年治疗才能恢复自尊。"事实上，孩子虽然还小，但是他们也有独立的人格尊严，他们也需要表达自己的想法和感受，父母是没有权力剥夺孩子的这些权利的。

倾听孩子的心声不仅是了解孩子心灵的有效途径，也是培养孩子倾听他人的重要方法。父母必须定期抽出专门的时间来倾听孩子的心声，让孩子感受到你对他的重视和赏识。

倾听孩子说话时，父母一定要端正姿态，千万不要摆出一副表面上倾听、实际上千方百计想出一些理由来反驳他的样子，完全不顾及孩子的感受，总是否定孩子的思想，这样孩子便不会再主动与父母交流了。

二、教育孩子用心倾听他人

许多孩子在倾听他人讲话时往往心不在焉，或左顾右盼，或处理他事，或摆弄东西，或不时走动，这种方式最易伤人自尊，说话的人往往觉得自己不被尊重，因此不愿再讲，更不愿讲心里话，谈话不仅无法收到好的效果，还会影响到双方的关系。

三、教孩子学会提问

倾听他人时，也要适当地发出提问，以表示你在认真地听对方说话，这也是尊重别人的表现。比如，新同学在作自我介绍时，可以适时地问一句"你们那里是怎么样的？有没有好玩的地方？""你到我们班后有什么想法吗？""你能不能谈谈你来这里后的所见所闻？"这样，对方就可能介绍一些提问者不太了解的事情，这种提问方式无疑是巧妙的。

当然，父母应该教导孩子，在提问的时候尽量避免涉及对方隐私和敏感的话题。

四、教给孩子倾听他人的礼仪

1.要面带微笑，不要显示出不耐烦的样子，要让对方感到轻松自如，而不是拘束。

2.倾听时不要挑对方的毛病，不要当场提出自己的批判性意见，更不要与对方争论，尽量避免使用否定别人的回答或评论式的回答，如"不可能"、"我不同意"、"我可不这样想"、"我认为不该这样"，等等。应该站在对方的立场去倾听，努力理解对方说的每一句话，并可以对他人的话进行重复。

3.交谈过程中要少讲多听，不要随意打断他人的说话。

4.倾听的过程当中可以适当地运用眼神、表情等非语言传播手段来表示自己在认真倾听。尽可能以柔和的目光注视着对方，并通过点头、微笑等方式及时对对方的谈话做出反映；也可以不时地说"是的"、"明白了"、"继续说

吧"、"对"等语言来表示自己在认真倾听。

5.如果对对方谈到的内容比较感兴趣,可以先点点头,然后简单地表明自己的态度,最后再说"请接着说下去"、"这件事你觉得怎么样?"等,这样会使对方谈兴更浓。

6.如果对对方的谈话不感兴趣,可以委婉地转换话题,比如,"我想我们是不是可以谈一下关于……的问题?"等等。

◇ 让孩子懂得拒绝

喜剧大师卓别林曾说:"学会说'不'吧!那你的生活将会美好很多。"在拒绝别人时要讲究技巧,表达自己的意愿时语气要委婉,同时一定要记住,拒绝是对事不对人的。另外,在拒绝别人之前,可以先听一下别人所提出的要求,不要对方还没有说要让你帮什么忙或是做什么事,你就已经在找借口拒绝,这会让对方误以为你在敷衍他。拒绝时要面带笑容、语气缓和、讲明理由。在拒绝之后,可根据对方的情况再提出建议。

英国心理学家朱莉娅、贝里曼等人提出的"破唱片技术",对不会说"不"的孩子来说,具有很好的借鉴意义:如果你需要拒绝某人的不合理要求,或者想对他说"不",或者想尽快结束某个你认为没有任何意义的讨论,你可以"像播放破损的唱片时总在一个地方一遍遍地重复那样,你要做的事就是以坚定的态度一遍又一遍地重复你的意见"。

杨阳带着复杂的心情来到了心理咨询室,他说在自己的心中藏着一个解不开的结,这个结常常让他觉得心情非常压抑,但是却又找不到原因,也不知道要怎么样去打开那个结。

"我不知道怎么拒绝别人,不知道怎样对别人提出的要求说'不'。当别的同学提出一些要求的时候,我从来没有拒绝过,即使那个时候我很忙,很不愿意去满足他对我提出的要求，可我却从来不敢拒绝他们。就因为这样，我常常会打乱自己所制定的学习计划。"杨阳说这些话的时候显得非常的无可奈何。他还说，虽然自己的内心非常苦闷，但是在表面上他还是没有表现出一丝的不高兴。他常常责怪自己，为什么这个"不"字会那么难以说出口？

杨阳的这种情况属于 NSN 综合症。NSN，就是 NEVER SAY NO（从不说"不"）的缩写。NSN 综合症是指人们由于不会拒绝而产生的紧张、焦虑、恐惧、自信心下降等一系列情绪障碍。

患有 NSN 综合症的孩子，都是太过看重自己在别人眼中的形象，他们认为自我的价值是取决于别人对自己的看法。如果拒绝了别人，可能会招致反感，从而影响到人际交往。所以，即使别人向他提出一些不合理或是超出他能力范围的要求，他也不会拒绝别人，因为他害怕引起别人的不满。如果是偶尔拒绝了别人，也总会感觉到很抱歉而后悔万分。有时候，即使是别人伤害到了自己，也不会表达出自己的愤怒和不满。对于这些孩子来说，拒绝别人的要求，自己的心里就会很难受，但是事实上，如果不拒绝他们却会更难受。由于他们的委曲求全，别人可能会提出更多或是更进一步的要求，这些要求有时会非常不合情理，有时甚至是挑剔、敌视的，这样会导致更严重的后果。也就是说，有的孩子会将自己的这种焦虑情绪压抑到极限，一直到他们不能或是不想再压抑的时候，最终会以攻击性的方式表现出来，这样只会对人际的交往造成不可弥补的损失。那些患有 NSN 综合症的孩子曲解了人际关系的平等原则，他们是把别人的"满意"建立在了自己的"痛苦"之上的。

NSN 综合症的形成有很多原因，其中不排除不正确的家庭教育方式、对人际关系的错误认知等，而自卑则是一个很重要的方面。出现 NSN 综合症的人，往往会感觉自己没有足够的吸引力，总是害怕惹别人生气，进而压抑自己情感的表达，总是把自己和别人放在不平等的位置。

想要让孩子学会拒绝，以下建议可供父母参考：

一、营造民主的家庭氛围

这个条件是教孩子学会拒绝的前提。父母要明白，不管孩子有多大，他

解放父母 解放孩子

都是家庭中的一个成员,是一个独立的人,绝对不能对孩子持独断专行的态度,而是要用商量的口吻向孩子表明自己的态度和想法,也要允许孩子把自己的意见、想法充分地表达出来,允许孩子对父母的想法和做法持否定意见。如果孩子提得对,或在某些方面有一定道理,父母应该尽量接受。这样既可以开发孩子的智慧,又可以培养其独立能力和锻炼其意志。

二、让孩子独立

在日常生活中,只要是孩子自己可以做到的事情,就要鼓励孩子自己单独去做。父母没有必要包办代替。只有这样做,孩子才能从日积月累的亲身体验中积累经验、增长才干,也才会有能力对父母或他人的行为做出接受与拒绝的判断。

三、把握自己的情绪

父母要帮助孩子正确地把握自己的情绪,明辨是非。父母所要教孩子学会的拒绝是一种经大脑分析思考后的有意识行为,是对人、对事做出的理智判断,它与孩子感情用事、耍脾气,或无端拒绝父母合理的要求是两回事。

四、商量是一种交往技巧

拒绝别人有时候要和对方反复地"磨嘴皮子",直到对方认可为止。比如强强不想把遥控飞机给嘉伟玩,于是就抱着飞机跑,而这种行为的结果就可能是两败俱伤。与其这样,还不如找一个理由,对他晓之以理,让他心平气和地接受。孩子的注意力一般会转移得很快,只要这个"岔"打过去,哪还记得以后怎样?以商量的口吻和小朋友对话,既可以巧妙地守住自己心爱的东西,又可以避免一场暴风雨。

◇帮助孩子走出自闭心理

所谓自闭就是自我封闭，自我限制。凡有自闭心理的孩子，在与人交往时往往处于惶恐、矛盾、徘徊的心态中不能自拔，十分痛苦，他们不能与人正常地交谈、交流、沟通，更不易被人理解，整天把自己封闭在狭小的空间里。这种行为正好与当今社会群体人员互动、交流、互励互助的现实格格不入。

一位母亲忧心忡忡地说："我家孩子上小学时就拥有了自己的房间。但随着年龄的增长，孩子越来越喜欢一回家就关上房门，而且还把门反锁上。开始我们认为孩子独自在房间里会安心看书，没想到她的成绩一天天下滑。我们一气之下，干脆把孩子房门上的锁给撬掉了。谁知孩子更绝，一回到家，照样关上门，然后再用凳子把房门堵上。我们家里买了电脑，我们说什么也不敢让孩子上网。但女儿干脆借了一大堆碟片，关了房门独自看电影，任凭我们在门外喊破喉咙也不开门。我们给了孩子独处的空间，但却使孩子和我们越来越疏远，这孩子到底怎么了？"

其实，导致这个孩子出现上述行为的原因就是自闭心理。自闭心理必然会影响孩子的健康成长，因此父母不可忽视这一问题。

有自闭心理的孩子具体有那些特点呢？一般来说，这些孩子在有人的场合（特别是有生人的场合）他们会感到心理紧张，甚至恐惧。仔细观察不难发现，他们交往时普遍出现心慌、不安、脸红、手足无措、出汗、语无伦次等症状。这些现象，严重的妨碍了他们与人正常的交流，阻断了心灵沟通的渠道，呈现出令人尴尬的窘相，从而产生自卑的心理。

自闭心理产生的原因可以归结为主观原因和客观原因。

主观原因是：孩子自身的性格弱点，例如，腼腆、内向、害羞、不善言谈、不喜欢与人交往；即使与他人交往，也会表现出心胸狭窄、度量很小、容不下别人的特点；也有的孩子因为心理上产生与人交往的恐惧而不敢与他人交

解放父母 解放孩子

往。这些都不利于与别人建立很好的人际关系,长此以往必然走向自我封闭的深渊,陷入深深的痛苦困境之中。

客观原因是:家庭教育中,家庭的客观环境就不具备与人交往的条件,例如:独门独院,也没有与人交往的机会;父母长期忙碌在外,无暇引领孩子去结交朋友。

对于孩子的自闭心理,父母应该抱有正确的态度:一方面要高度重视它带来的危害,要尽力找到解决问题的办法;另一方面,又不可夸大它的负面影响,给孩子心理上带来阴影和创伤。以下建议可供参考:

一、消除孩子对社会的恐惧心理,鼓励孩子多接触社会

孩子随年龄长大,必然要接触社会,如果心理自闭,必然给今后的学习、工作和生活带来很多烦恼,只有适应社会及变化,才能获得社会的价值观念、行为规范和知识技能,从而走向成熟。因此,努力参加一些公益活动很有必要,逐渐让孩子学会当众讲话,锻炼他的心理承受能力。训练他的说话能力,消除对社会的恐惧心理。

二、接纳孩子的朋友

在接纳孩子朋友的过程中,孩子会学会与人沟通、交往的技巧和艺术,接纳不同性格不同爱好的朋友,拓展交往的领域,从中受到启发。

三、正确看待孩子在交往中的挫折

不同性格的孩子交往,发生矛盾是难免的。父母要让孩子知道,有了挫折,要正确面对,辩证地看待与人相处的关系,这十分重要。

四、带着孩子到大自然中去,放松精神

孩子的天性是热爱大自然的。在自然中,可以释放压抑的心情,使孩子变的豁达、开朗。

◇帮助孩子克服羞怯心理

羞怯心理是一种常见的心理弱点,在青少年群体中更为普遍。美国俄亥俄州立大学的一项统计结果表明,97%的学生认为,做公开演说是世界上两件最可怕的事情之一(另一件是核武器)。某杂志的"读者信箱"曾收到一封学生的来信。信中写道:"我有一个大缺点,就是特别怕羞,一碰到上黑板做题或和陌生人说话时脸就红,我该怎么办?"

孩子羞怯的表现有多种形式,大多数羞怯的孩子都伴有以下现象:学习成绩差,不与人交往,不愿与同龄小孩玩耍,逃避课堂讨论,不主动发言,不愿在公开场合抛头露面,做什么事都要父母陪着,不能单独外出,怕见生人,在生人面前不知如何应付,说话低着头,声音小,爱脸红,说话办事都落在别人后面,甚至连笑也不敢先于别人。除此之外,有时羞怯的小孩也会恃强凌弱,表现出惊人的举动,但在内心深处却是很羞怯的。总之,过分的羞怯会影响一个孩子的学习、生活和人际关系,给孩子的成长带来极大的阻碍。作为父母,我们一定要能帮助孩子克服这种不健康的交际心理。

那么,为了帮助孩子克服羞怯的心理弱点,父母具体该如何做呢?

首先,父母要搞清楚孩子羞怯的原因。

羞怯在本质上就是一种不自信,造成这种心理状况的原因有很多,最重要的有以下三点:

一、家庭原因

家庭是孩子健康成长的一个主要环境。如果这种环境不好,肯定会给孩子造成很多的心理障碍。据调查,有羞怯行为的孩子,其父母本身就存在羞怯的情绪。在别人面前说话办事畏畏缩缩。另外,对孩子经常打骂、责备,或夫妻离异,对孩子的打击也非常大,容易使孩子缺乏依靠、交流和亲情的抚

解放父母　解放孩子

爱。孩子从小就觉得比别人差,形成羞怯、自卑的症结。

二、学校环境

孩子的成长,学校也是一个重要的环节。学习成绩好的孩子,经常受到老师同学的表扬,在学校表现出自信。而学习成绩差的孩子,往往受到老师同学的批评、责备,久而久之就形成一种害怕、羞怯的情绪,觉得自己比别人差,不敢与别人交往,用一种退缩的方式来保护自己受伤的心灵。

三、重大的生活事件

小孩若体弱多病或受过一次重大的心理刺激,如受人欺负,被耻笑,造成自尊心受损,都可能使其变得羞怯。

那么,父母应该如何帮助孩子克服羞怯心理呢?

(1)给孩子一个温馨的家

平等、理解、温馨的家庭环境能给孩子勇气和自信。克服孩子的羞怯,更要有这样的环境。在孩子面前不要滥用家长权威,尤其是对易羞怯的孩子。家里的事尤其是与孩子有关的事,要多征求和尊重孩子的意见。例如,带孩子去公园,要征求孩子去哪个公园,准备带些什么,使他觉得自己是这次小小旅游的组织者和主人。这样他就会以一种主人的姿态出现,树立自信心。在家庭中,父母对孩子也要多用些民主型的语言,如:"你认为怎样?""行吗?"如果孩子为你做了些什么,你要表示"谢谢!"让孩子觉得在家庭中他是平等的,这有利于克服孩子的自卑情绪。

(2)父母要做一个好榜样

如果你是一个开朗的人,愿意与人交往,那毫无疑问地,你能为孩子树立一个良好的榜样。如果遇见陌生的人或事对你来说都会有点难度,敞开心胸去面对别人不失为锻炼自己的好方法。即便这样,你也用不着和孩子来讨论。孩子们一般都会成长得比成人们更勇敢、更外向,超过我们,让我们感到骄傲。

别用你自己的成见给他们以压力,诸如"你就是羞怯,因为我就这个样子"的说法,对孩子增进社交能力极为不利!

你和孩子一起在社交场合时,给孩子树立一个榜样来做自我介绍(脸上要有微笑)。让你的孩子看看,你不害怕去见幼儿园的新人或者新邻居。你甚至可以谈一谈向新人作自我介绍是一件多么令人愉快的事,因为这能让他们感觉更舒服自在。

(3)鼓励孩子交朋友

交朋结友是孩子社会化的一种表现。羞怯的孩子,担心被人瞧不起而不去交友。这时父母就应鼓励他,首先让亲朋好友家的较熟悉的孩子与之一起玩,克服他交往的恐惧心理,然后再鼓励他在同学中去交朋友。当孩子带朋友到家中时,父母要表现出热情,别不当回事,以增加他的勇气。

(4)多给孩子以鼓励

每个孩子都希望能得到别人的肯定和表扬,羞怯的孩子更希望得到。他们本身就喜欢自责,缺乏勇气,在做某件事之前,预见的是自己不行。如果这时给他一些鼓励,增加他的勇气,他会把事情办得很好。

(5)不要以成人标准苛求孩子

对于害羞、怕生的孩子,增加他面对人群的信心是很重要的。例如当他主动跟别人打招呼,或只是害羞地对新朋友微笑时,父母要适时给予鼓励。孩子只要一受到称赞,他就愿意付出更多的努力去尝试。同时,在孩子没有达到预期的表现时也不要责怪孩子,否则孩子会更退缩。

当人越来越了解自己周围的人际关系后,他就能作出越来越合适的反应,这就是人为什么能进步的原因。孩子之所以怕生,是因为他对身边的人际关系还没有什么了解,所以会排斥、会害怕都是很正常的。父母如果能站在孩子的立场多为孩子着想,就不会再以成人的标准来苛责孩子,也才能在心平气和的情况下对孩子作出适当的引导。

总而言之,我们做父母的要重视对孩子羞怯行为的矫正,为孩子顺利成长并融入社会打好基础。

解放父母　解放孩子

◇ 帮助孩子克服嫉妒心理

　　嫉妒心理是人类普遍存在的一种心理状态，即使是孩子也不例外，我们常看到两三岁的孩子看到妈妈抱起别人家的孩子，他就会很快地跑过去，叩叩他的头，或抓他的脚，想把那个孩子支开，并且会立即要求妈妈抱自己。

　　孩子有一些嫉妒心理虽然可以理解，但这并不意味着父母可以采取听之任之、放任不管的态度。因为孩子的嫉妒心理一旦严重化，就会演变为其人格的一部分。另一方面，孩子如果嫉妒心过强，也容易受外界的刺激，而产生诸多不良情绪，不仅影响学习进步，而且对身心的健康成长极为不利。

　　卢刚事件，现在的大多数父母或许已经淡忘，但这起事件的惨痛教训却值得我们深思。

　　中国大学生卢刚在国内就读时，学习成绩一直是名列前茅。他于1986年赴美留学，据说他的博士资格考试成绩创下了爱荷华大学的纪录。就是这样一位优秀的学生，他的行为却让人备感震惊。

　　那是1991年11月1日下午，美国爱荷华大学的物理大楼三层的一间教室内，几个教授和研究生正在进行有关天体物理的讨论。3点30分左右，一直参加讨论的中国留学生卢刚突然从口袋里掏出一把手枪，首先对准自己的导师葛尔兹开了一枪，葛尔兹教授应声倒下。接着卢刚又不慌不忙地对准旁边的史密斯教授开了一枪，史密斯教授也倒在血泊里。卢刚把枪对准了自己的同学山林华，只听到"呼"的一声枪响。当教室里的其他同学被吓得目瞪口呆、惊惶失措的时候，卢刚匆匆离开了教室，跑到系办公室，一枪击毙了系主任。然后又走进行政大楼，向副校长开了一枪。最后的一声枪响，他是对准自己的。

卢刚的这次行动,显然是精心策划的。然而他作案的动机,竟简单得让人难以置信。他认为葛尔兹教授在毕业论文答辩时有意刁难他,致使他没有取得博士学位;另一个原因是,晚来一年的同学山林华不仅受到葛尔兹教授的青睐,而且还比他早拿到博士学位。最让他嫉妒并难以容忍的是,山林华还得到了他渴望得到的竞争优秀论文荣誉奖的提名。

由此可见,嫉妒心理的确是一种破坏性极强的病态心理,如果不加以控制,就会对生活、人生、工作、事业都会产生极其恶劣的影响,正如培根所说:嫉妒这恶魔总是在暗暗地、悄悄地毁掉人间的好东西。

所以说,父母在发现孩子有嫉妒心理时,千万不可忽视,必须有意识地适时适当地指导孩子加以克服。具体可从如下几方面努力:

1. 培养孩子分析思考问题的能力,使孩子的理智得到较好的发展。如果父母设法使自己的孩子养成分析问题、研究问题的习惯,孩子的情感就会不断丰富,心理就会日趋成熟。

2. 教给孩子客观地看待和分析问题的方法,使孩子能够正确地认识自己,正确地对待别人。

3. 教育孩子具有博大的胸怀,胸怀宽大之人绝不会轻易地去嫉妒别人。

4. 要增强孩子的竞争意识,使孩子在强手面前,在困难当中,在挫败之时,仍能以坚强的意志去顽强拼搏。

第九章 让孩子学会如何与他人沟通

引导孩子的消费理财能力

解放父母　解放孩子

◇ 管好孩子的零用钱

"自古英雄多磨难,从来纨绔少伟男"。纵观古今中外,许多能成大器的人物在年轻时大都家境贫寒,一些世界著名的亿万富翁在青少年时代都经历过坎坷与艰辛。金钱买不来成绩,换不来成功,养不成孝子。因此,父母有必要引导孩子从小就养成勤俭朴素、自立自强的好品格。

洛克菲勒是全世界第一个拥有 10 亿美元以上资产的富翁,但他对儿女们的零用钱却始终卡得很紧。他规定,零用钱因年龄而异:7~10 岁每周 3 美元,11~12 岁每周 1 美元,12 岁以上每周 2 美元,每周发放一次。他还给每人发一个账本,要他们记清每笔支出的用途,领钱时交他审查。钱账清楚,用途正当的,下周递增 5 美分,反之则递减。同时他允许孩子通过做家务得到报酬,补贴各自的零用。9 岁的二儿子纳尔逊和 7 岁的三儿子劳伦斯,曾主动要求合伙承包替全家人擦鞋的家务活,擦一双皮鞋 5 美分。第一次世界大战期间,全家老小都吃配给的粮食,在吃烤蛋糕时更是要儿女们交出相应地费用。那时男孩子们合办"胜利菜园",种瓜种菜卖给家里和附近的食品杂货店,合伙养的兔子卖给医学研究所。

儿女们上大学时的零用钱与一般同学不相上下,如有额外用途必须另行申请。喜欢吃喝玩乐、交女朋友的四儿子温斯洛普有一次欠了账,只得向大姐去借。小儿子戴维读大学时也一样恪遵家规,有一次放假回纽约,同行的一个同学亲眼见他记账。

菲尔德掌管着全美著名的亚特兰大快餐经销店,其年营业额达数亿美元,但他对子女却异常"苛刻"、"小气"。每到寒暑假,他就会要求子女到各地的餐厅去打工,以挣钱"糊口",维持生计。此做法在如今已经富裕了的一些家长来看,似乎大可不必。殊不知,正是这种别出心裁的磨炼教育,使子女从小培养了一种吃苦耐劳的精神,成年后他们才能在纷繁复杂的世界中找到自己的位置,以强者的姿态迎接生活的挑战。

一位在中国度假的加拿大富翁,接到上中学的女儿打来的越洋电话,问能否到银行支取零用钱。这位平时一掷千金的父亲却不假思索地对女儿说:"零用钱可以通过做杂活,如投递报纸的方法自行解决。"

我们有些父母缺少这样的理念,他们尽管自己经济不富有,但对孩子却大把大把给零用钱,且不去过问这些钱的用途。殊不知,这恰恰是害了孩子。在某省有个收费不菲的外语学校,学生都是有钱人家的孩子,在学校他们不是比谁的学习好,而是比谁家更阔,甚至在洗澡排队时,也要按谁家老子赚钱的多少来排顺序。很难想象,这样的孩子长大后会成什么样子。所以,父母不能忽视对子女零用钱的管理。

父母要管好孩子的零用钱,首先是要给好孩子零用钱。一是数额要适当,要根据家庭经济状况和孩子的合理需要统筹考虑。一般以够支付孩子合理的开支为限,不宜多给,也不宜少给。多给,容易养成孩子大手大脚的习惯,不知钱来之不易,不珍惜父母用血汗换来的金钱;少给,又不能满足孩子正常合理的需要,弄得不好还可能引发孩子私自拿钱或偷窃行为。二是时间要适宜。零用钱可以选在一个有纪念意义的日子开始给,如小孩上学的第一天等,告诉孩子这笔钱的用处,并使他懂得自己在家庭中的地位和责任,之后可以定期发给。根据孩子的年龄,对不同阶段的儿童零用钱发给的数目与时间可以不同。

要指导孩子用好零用钱。要教会孩子如何用好这笔钱,告诉孩子少把零用钱花在吃喝玩乐上,并告诉他这笔钱可以用在什么方面和最好用在哪些方面,使零用钱用得其所,发挥它的最好效益。比如,可以引导孩子把零用钱用在购买学习用品、图书资料上,或者用在集邮或养花养草上。还可以引导孩子把部分零用钱用在捐助希望工程等有益的活动上,以培养孩子社会责任感和良好的品行,这样做即使孩子开阔了视野,又陶冶了性情。

父母要结合对孩子使用零用钱的教育,培养孩子初步的自我管理钱财的能力。零用钱对大人来说虽然不多,但对孩子来说可能是一笔可观的财富,因此教育孩子用好零用钱的同时,也要培养孩子的理财能力,教会孩子有计划、有选择地花钱。

第十章 引导孩子的消费理财能力

解放父母　解放孩子

总之，父母在孩子的零用钱这种"小事"上千万不要疏于管理，放任自流，否则不但会影响孩子的健康成长，甚至可能会铸成难以挽回的大错。

◇ 教会孩子怎样正确地花钱

一家商店的橱窗上贴着一张新上市玩具"只要60元"的海报。8岁大的小可跳上跳下地说："噢，我要这个玩具。小宇有这个，而且很好玩。就算买了，我也只不过有几个玩具而已。别的小朋友都比我多。拜托啦，妈——好吧，拜托啦。"

如果你是这是位妈妈？你如何回应？

你可以：

1.和孩子争论到他生气或哭出来。

2.讨救兵："我厌倦了你老是吵着要东西。等着看我告诉你爸爸。"

3.以承诺在他生日时送这个玩具来搪塞，以免起争执。

4.开始长篇大论地说10分钟"钱不是长在树上的"道理。

5.顺从他的意思，省得和他争论。

上述的选择没有一个是适当的。第一种，争论到孩子发火或大哭的结果是，孩子会抱怨、哭泣，并且以为这样做就可以得到他想要的东西。第二种，向父亲求救会使孩子认为你不是一个能够做决定的人，而且他也不会指望能和你讨论重要事项。第三种，延缓决定或许是个不错的战术，但是不可以向孩子承诺你并不是真心要送他的东西。第四种，开始高谈阔论地大谈金钱，其功效就和多年前你的家长对你说教的效果差不多。第五种，向孩子屈服以省得争吵，就等于为孩子铺了一条让他胃口愈来愈大、而且知道你迟早会屈服的道路。

在决定买或不买这个玩具之前，你应当先审视下列因素：

1.你买得起吗？

2.这个游戏是否是你希望孩子拥有的?

3.别的小孩有什么东西是否很重要,会影响你的决定吗?

4.你的孩子是否要求过多或者不合理——不论是数量或价钱?

5.这个要求是"想要"还是"需要"?

在了解储蓄、投资或借贷的基本观念之前,孩子们就已经察觉到花钱的力量了。他们看到父母炫耀买来的东西,对邻居的新车投以羡慕的眼光,或者在收取梦想的礼物时热泪盈眶。

他们也察觉到了更微妙的讯息——父母对他们花零用钱买祖母的生日礼物,和买6包口香糖的反应大不相同。

我们常常把"想要"错当成"需要",说服自己"需要"最喜欢的那位音乐家新出的专辑,但事实上只是纯粹地"想要"而已。

"需要与想要"的认知对我们大人而言已经很难处理了,这也难怪孩子们会感到困扰。我们应早一点儿开始帮助孩子分辨"需要"和"想要"的不同,不论现在或以后,他们处理本身财务的大部分能力,均视其对两者之差异的了解而定。把钱花在"想要"的事物上纵然既美妙又快乐、既有趣又重要,但是身为家长的父母有责任教导孩子"需要"才是应当优先满足的。

值得一提的是,说到小孩和花钱,父母们千万可别期待他们很快就会有清楚的洞察力。他们可能得花上好几年的时间来学习分辨"想要"和"需要",以及如何做明智的选择。

解放父母 解放孩子

◇ 纠正孩子用钱过度的毛病

用钱过度是绝大多数人都有的毛病。所以如果你的孩子在下一次发零用钱之前的几天就没钱了，千万别感到震惊或担心。

如何处理这种状况？父母先要搞清楚孩子的用钱过度是长久以来的问题，还是偶尔的情况。帮一个总是花钱过度的孩子出钱解决问题，只会传达出错误的讯息：你只要伸出援手就行，即使没有责任感也无所谓。

不论是积习或偶发事件，父母都要找出孩子的钱是怎么花光的。叫孩子说明上周的开支，问他都做了那些不同的安排。这么做你也不会显得不讲道理。若是情况特殊无可避免，而孩子又迫切需要用钱时，那么预支部分下周的零用钱给他并无不当之处。但是这种"预支"的手段非到最后关头不要使用，否则你的孩子将会成为"先买，后付款"的专家。

孩子习惯性地弄丢零用钱。如何处理这种状况？问题的关键在于这种情况是否常常发生或是难得发生一次。即使一年只发生一次，也可由此看出孩子的紊乱无章，或是单纯地不懂钱有多么容易掉出口袋、皮包、或书本。

如发现这种情况，你应找出孩子把钱放在哪里。如果是塞在裤子后面的口袋，建议他把钱整平放进裤子前面的口袋里，放在这里，就算有钱不小心掉出来，他也比较容易发现。有时孩子会把夹有钱的书或放有钱的皮夹遗忘在某处或弄丢，那么给他一个扣在腰上的腰包会是很不错的办法。

另外有一个你可参考的建议："出门时别把所有的钱都带在身上。如此一来，就算掉光了身上所有的钱，你也不至于完全破产。"

孩子把钱借给有借无还的朋友。如何处理这种状况？你不能教孩子绝对不要借钱给别人，因为我们每个人都难免有要借钱给家人或朋友的时候，但是你要教孩子如何评估每一个请求。以温和的问题点醒孩子，指出该借贷所处的状况：

"强尼以前是否曾经向你或其他朋友借过钱……他还钱了吗?"这会帮助你的孩子了解,钱一定要借给一个可信赖的人。

"强尼不就是上个星期把你绊倒的男孩吗?那只是一个意外,还是他常常对你那么做?"这可帮助孩子明白他没有必要受人威胁去做某事。如果要借钱给朋友,那个朋友应该是他喜欢且尊重的人——反之亦然。

"强尼说什么时候还你钱?"孩子可由此了解借贷是一种彼此双方都负有相当责任的协定。

孩子变成令人难以置信的吝啬鬼。如何处理这种状况?对钱过分关心和管理过当或导致极端节俭——此乃最棘手的儿童问题之一。如果发现这种情况,你可以再检视一次孩子的零用钱。以他的年龄而言,这个金额是否符合实际所需?你的用钱规定是否太严苛了?如果不是以上的情形,那么就用实例来规劝他。告诉他你多么喜欢他为自己买的新毛衣,或者为姑妈买生日礼物是件多么有意义的事。倘若事态严重,你发现你的孩子以省掉午餐不吃来攒钱或有其他极端举动的话,那就要求助于心理医生了,因为这种节俭可能意味着更深层的心理问题。

◇ 学会拒绝孩子

作为父母,我们应该学会恰当地拒绝自己孩子的要求,只有这样才能培养孩子的责任感。

在适当的时候,请毫不犹豫地对孩子说"不"。

一位妈妈一手抱着她的小男孩,一手拉着她8岁的小女儿来到了一家鞋店。

这位妈妈正忙着给她的小男孩挑选鞋子时,她的小女儿发现一双非常漂亮的跳舞鞋,便走到妈妈身边,要妈妈给她买下这双鞋。

解放父母 解放孩子

她开始提出要求，见妈妈不大理睬，便开始哼哼唧唧地诉说、甜言蜜语地请求，用虚假诺言劝诱、用尖声叫喊来逼迫……

她所能够想出的各种招数，这个时候一一使了出来。

她见这些招数均不奏效，便不再作任何掩饰，厉声对自己的妈妈说道：

"今天我想要这双鞋，你必须给我买下来。"

这位在忙着为自己的小儿子挑选鞋子的妈妈，一直忍耐了大约10分钟，一遍又一遍温和地对自己的女儿说"不"。

最后，这位妈妈实在忍受不下去了，便在她的女儿面前，也是在鞋店里的众人面前屈服了。

"把我女儿相中的那双跳舞鞋拿来吧！"她对售货员说，"别的鞋不用拿了，我也没有钱买了。"

对孩子提出的各项要求都做出让步，是避免孩子吵闹、纠缠的有效途径。

但长此下去，会使孩子养成要了再要、毫不知足的不良习惯——孩子每逢见到自己喜欢的东西，就让父母去买，而且买了这次，还要买下次，没有一个尽头。

电视及街道上五花八门的广告，无时不在刺激着孩子们迫切得到各种商品的欲望。

对于父母来说，成长中的孩子们必须找到离开昂贵的玩具或家长帮助，自己还能过得愉快、充实的途径。

如果你对孩子看电视及玩电脑的时间做出限制，他们最终都将各有自得其乐的方法，而且也用不着家长为他们花很多钱。

除了这个根本的方法外，家长还应该做到：

(1) 不要将给孩子买的礼物作为补偿

双职工家庭的家长常常会有种愧疚感。他们认为自己在外工作一天，没有时间呆在家中陪孩子玩，每次逛商店的时候，无论如何也得给孩子买点东西作为补偿。

习惯性地给自己的孩子买各种礼物，可能会使你感到自己慷慨大度、疼爱孩子，但你的孩子逐渐觉得自己应该得到这些礼物，而且需要你不断地给他们买。

如果哪次你逛商店时,忘记给孩子买礼物了,恐怕回家就碰到麻烦了。

(2)告诉他花钱是一件很慎重的事情

从一开始就让孩子清楚地认识到,你去商店给他买东西,是一件经过认真考虑才决定的事情,在你决定是否要给孩子购买诸如自行车、电脑之类的大件商品时,可以把自己的一些打算告诉他。

如果你认为孩子提出的请求是合乎情理的,那么你可以给他提供一个挣钱的机会,让孩子用靠自己的劳动挣来的钱购买所需要的物品。

你可以对孩子说:

"今天我不能出钱给你买那条牛仔裤。但是,倘若这个月每天晚上你都能在厨房帮我忙的话,到月底我去把它给你买回来。"

这样是培养责任感的一个非常好的办法。

(3)说出你拒绝孩子的理由,要尽可能简单一些

在超市,一位爸爸向他年仅4岁的儿子解释说,儿子所相中那个书包"样式不好看,设计不合理,颜色太鲜亮,装不了多少书,而且做工也不太精细。"

有一家杂货店,一位妈妈告诉自己的小女儿说,自己不能给她买她看中的一对条状发夹,因为"已经有一对条状发夹了。再买就是多余的了,而且为此会浪费家中的钱,浪费行为也是一种不负责任的行为。"

(4)绝对不要改口,否则前功尽弃

让孩子在一番无理哭闹之后心想事成,就等于在告诉孩子,他越把父母的生活搞得一团糟,就越能达到自己的目的。

解放父母 解放孩子

◇ 帮助孩子树立花钱自己赚的观念

在中国的很多父母心里,一直有这样一个愿望:什么时候我们的孩子也能树立起这么一个观念——花钱要靠自己去赚?因为他们知道,只有这样自己的孩子才能在未来成为社会竞争的强者,而如果继续保持着眼下这样一种状态,那么孩子可能永远成不了气候。

看看美国、日本、瑞士、德国的做法,我们可以得到不少启迪。为了让子女生活得好,自己却像牛马一样拼命地干,这在国外的人看来是不可思议的,我们的父母却习以为常。

每一年在大学新生报到处,你会发现很多上了年纪的家长奔前跑后,替孩子搬运行李,办理入学手续,而年轻力壮的"当事人"则坐在树阴下看书听音乐。而在一些小学更有不少父母常跑到学校来替孩子做值日、搞卫生。

有人对天津市1500多名中学生进行了调查,结果发现52%的学生每天由家长代为整理生活和学习用品,74%的孩子离开家长就束手无策,只有13%的人偶尔做些简单的家务事。

不仅在我们这个拥有众多独生子女的国家,整个世界上的家庭,孩子都在变少,但对待子女的态度,差别却很大。

同是一个13岁的孩子,有的父母谈起来,就说:

"他才13岁,什么都做不了。"

有的父母却说:

"他已经13岁了,自己完全会料理生活了。"

很多父母总是认为自己付出得越多,子女也就越幸福。到头来,父母替孩子做事做得越多,孩子就做得越少,直至无事可做,最后落个什么也不会做。

说中国的有些父母剥夺了孩子自力更生的机会是一点也不过分的。

在发达国家的家庭里，父母普遍都重视从小培养孩子的自理能力和自强精神。

美国的中学生有句口号："要花钱，自己挣！"

美国青年从小的时候开始，不管其家里多富有，男孩子12岁以后就会靠给邻居或自己的家剪草、送报赚些零用钱。

女孩子做小保姆去赚钱。有个女孩每逢星期六要去餐馆打工，母亲就告诉她，你完全可以在家里帮妈妈干活，照样可领取工资。但这个女孩觉得在家赚自己母亲的钱不是本事，她一定要去外面赚钱来表示自己有自立的能力。

日本人教育孩子有句名言：除了阳光和空气是大自然的赐予，其他一切都要通过劳动获得。

许多日本学生在课余时间，都会去外边参加劳动挣钱，大学生中勤工俭学的非常普遍，就连有钱人家的子弟也不例外。

他们靠在饭店端盘子、洗碗，在商店售货，在养老院照顾老人，做家庭教师等来挣自己的学费。在日本，孩子很小的时候，家长就给他们灌输一种思想："不给别人添麻烦"。

全家人外出旅行，不论多么小的孩子，都要无一例外地背上一个小背包。要问为什么？父母说："他们自己的东西，应该自己来背。"

在加拿大，父母为了培养孩子在未来社会中生存的本领，从很早就开始训练孩子独立生活的能力。

在加拿大的一个记者家中，两个上小学的孩子每天早上要去给各家各户送报纸。

看着孩子兴致勃勃地分发报纸，那位当记者的父亲感到很自豪：

分这么多报纸不容易，很早就起床，无论刮风下雨都要去送，可孩子们从来都没有耽误过。

不可否认，一个人的社会责任感就是这样培养出来的。这正是需要我们许多中国父母用心学习的地方。

解放父母　解放孩子

◇ 帮助孩子养成良好的储蓄习惯

习惯，不论好坏，都是越早养成，越容易保持。父母可以帮助孩子养成最好的一种生活习惯之一，就是定期有规律地储蓄。如果想要让孩子养成这种习惯，你就要把它变得有趣，并且使它成为一种例行事项。

同孩子一起决定应该存多少钱。虽然孩子要从礼物、零用钱、压岁钱中拿出多少比例的钱来存，所存的钱会随礼物、工作和年龄而有所不同，但重要的是，要让他们在拿到钱之前，就先建立储蓄的习惯。

储蓄优先。孩子和大人一样，都会把储蓄这件事延后再做，结果到最后才发现自己没钱可存了。所以帮助孩子在做其他事之前先把钱存起来。

为特定的目标设定期限。如果孩子要存钱买一个电动游戏，建议他找一张那个游戏的照片，然后在上面写上希望购买的日期。并把照片贴在冰箱门上或贴在他卧室的门上，让他能时时看到自己的目标。

鼓励你的孩子提早为要花很多钱的节日存钱。像圣诞节、春节、儿童节等。

鼓励孩子把硬币都收集起来。自觉年龄太大而不适合用小猪储钱罐的孩子，可以把手边多余的零钱放入一个罐子或盘子中，而不要把它们留在牛仔裤的口袋里，以免在洗衣过程中弄丢。每几周一次，叫孩子到银行拿卷硬币的厚纸把这些硬币卷起来。他们将会很惊讶那些有系统地收集起来的零钱竟然有那么多。

如果你的孩子显露出成为收藏家的迹象，鼓励他好好照顾他的收藏品，因为那些很可能是一种投资。许多非常热衷于棒球卡、奥运用品、填充玩偶、漫画书、岩石和其他东西的年轻收藏家，已经了解几年后其收藏品会带来的利润。告诉孩子什么因素会增加收藏品的价值：收藏品的状况与稀有性。很重要的一点是，记住储蓄实际上可以是收藏有价值的物品，不论是钱还是其他东西。

和孩子分享你这些年来学到的一些"骗自己存钱"的技巧。每周存下部分的零用钱;将所有在节庆时收到的礼金都存起来;少花点钱在自己身上;多做些额外的家事;在有时间把钱花掉之前先存起来;看电影时和朋友共吃一盒爆米花,而不要自己吃一整盒;尽量少放钱在口袋里。

鼓励孩子自己做有关储蓄的决定。孩子终于用他的存款买下的商品或参加的活动,远不如他对自己的生活负责以及进行储蓄的过程这些事实来得重要。

年龄在6岁到10岁大的孩子,当他们知晓为将来的开支而存钱的观念时,当他们大到可以清楚地写出自己的名字时,当他们已经存下一笔可观的金额时,他们就准备好接受初次的银行存钱体验了——用他们自己的名字开户。

在你们亲自去银行之前,先向孩子解说一些基本的银行业务知识是有意义的。若孩子有后续的问题,或是仍然搞不清楚出了什么事,那么银行职员就应该花点时间向他解释开户存钱的程序。

再和孩子复习一下银行业务的基本原理。银行会发放利息以增加存户的储金,这是小猪储钱罐做不到的。

"什么是利息?"

孩子一定会这么问。你的解释是:银行并非将所有存户的钱都放在金库里。他们把这些钱集中管理,拿出一部分来借给那些想要借钱买房子或车子或是创业的人至少一年的时间,然后向借钱的人收取借用费,这和你租家庭录影带要付费是一样的道理,只不过银行向借钱者收取的费用叫做利息。银行为了赚取利润,所以向借钱者收的利息会比存钱者分得的利息多。你存进去的钱就是你的,你随时可以把钱提出来。

解放父母　解放孩子

◇如何对待孩子不当的借钱行为？

孩子之间常常互相借点小钱。在脱离了储蓄罐存钱的阶段以后，大部分的孩子就不太在意硬币了，甚至不把这些零用钱当作真钱。然而，他们借给别人多少钱却都记得一清二楚。当借的钱与还的钱数目不一致，问题就产生了。

一般来说，因借钱或借物所产生的问题有以下 10 种：

(1) 一个小孩向别的小孩借了钱不还时

一个孩子借钱给另一个孩子，但是这个向人借钱的孩子却赖账不还或还不起，我们假设这个借钱不还的孩子是我们的儿子。他受到欲望的驱使而和别的小朋友在游乐场里玩了一整天，于是向他的朋友借钱支付那一天所需的花费，允诺第二天还钱。

有时孩子希望会在某处发现这笔钱，有时明明知道自己还不起这笔钱，他们还是受不了诱惑而去借钱。

我们常常最先从借钱给人且受到伤害的那个孩子口中，听到自己孩子的窘境——借钱给人的孩子在收债不成后，只好向高等法院告状——债务人的家长。我们一定要私下和自己的孩子确认这件事是否无误。如果真如讨债的孩子所说的，我们就要开始给孩子上课。错误的借贷现在成了众所皆知的事，如此可以加速他的学习。没有一个孩子喜欢受窘。

父母对此要承担的责任是，诚心诚意借钱给我们的人或机构有权要我们偿还这笔钱。如果儿子的朋友想要或需要马上一次拿回这笔钱，不接受以分期付款的方式偿还的话，我们可以先预借孩子一笔钱来偿还他的借款，并且和他订定一个新的契约，让他成为我们的债务人。不论以什么方式偿还——从零用钱扣除、礼金抵偿、或是以工作得来的钱偿还——借了钱就一定要还。如果不这么做，我们就等于在鼓励一种"现在花钱，永不还钱"的不负责态度。

(2) 一个小孩向别的小孩借了东西不还时

假设这个慷慨借给朋友一晚自己最喜爱的洋娃娃的孩子是你的女儿。第二天早上，这个朋友不肯归还洋娃娃，于是你的女儿便眼泪汪汪地来找你。

父母要做的是，同情地倾听她的诉说，问清问题查明真相，和她一起想出取回洋娃娃的具体行动方针，并且帮助她由此学到一些启示。

人人都需要倾吐出心中的悲伤之情，而对孩子来说，最心爱的洋娃娃被朋友夺走，的确是一件非常伤心的事。所以父母应该感同身受地倾听她的诉说，也要问她朋友不归还洋娃娃的原因。她生病了吗她？只是想要把洋娃娃留到身体好些了再还吗？这个洋娃娃是她惟一见过的玩具吗？她以前也曾经拿走别人的东西不还吗？

如果确定那孩子是无故不还洋娃娃，我们一定要帮自己的孩子想办法把东西拿回来。或许她想把这个问题告诉朋友的父母。若是这么做，她将需要我们的协助，帮她以能促使朋友的父母解决此事的方式进行诉愿，例如："你可不可以帮我拿回洋娃娃？"为了使这个与大人的交涉奏效，她需要练习。听她说，并且给她指导。如果她无法使朋友的父母为她取回洋娃娃，我们就必须插手，与孩子朋友的父母见面。孩子显然需要有人向他们示范如何交涉与如何解决问题，也要明白如果某样东西对我们很重要，我们就有权也有责任捍卫它。

如果朋友不归还的理由是因为那个洋娃娃被她的狗咬烂了呢？这么一来，情况就多少有所不同了，因为她不是故意违反约定的。尽管我们希望这个朋友(和她的家长)能自觉为洋娃娃的毁坏负责，并且赔偿我们的女儿一笔钱去买一个新的，但有时却事与愿违。有时候是朋友家没钱赔偿。但是就算他们赔了钱，我们的女儿可能还是会对这个无可取代的洋娃娃有份特别的情感。虽然在当时让她明白自己失去了什么东西并不能让她感到好受些，但是却可以帮助她了解意外难免发生，而且并不是所有的意外都该受到责难的。

(3) 粗心或疏忽导致某件贵重物品毁损时

例如，孩子用我们的电脑玩游戏。一天晚上，他边喝汽水边玩电脑，一不

解放父母 解放孩子

小心把汽水溅到键盘上。第二天早上当我们将电脑开启时发现出了问题。在检查过后,发现是因为被汽水溅到而造成的故障,因而必须买一个新的键盘。

父母对此事的做法是,别期望孩子们会知道如何使用或维护一部机器,除非你曾经特别指导过他们。所以在尚未教导他们之前就处罚是不公平的。父母的第一要务是教导他们适当的使用与维护方式。如果使用程序复杂或步骤繁琐,我们可以列出一张核对清单,把它放在机器旁边。

假设我们该做的都已经做了,而孩子还是把汽水放在键盘旁边的话,既然权利与责任有连带关系,那么剥夺他使用电脑的权利是适当的。倘若孩子依旧不去注意而再三地造成电脑故障,那么就应该要求他出钱赔偿。

(4)恶作剧造成他人财产的损失

在圣诞节的晚上,一群孩子向一位邻居的屋子丢鸡蛋。之后邻居查出了这群"小犯人",并且打电话告知他们的父母。也许你很惊讶自己竟然也接到了电话。在与孩子对质时,孩子显得局促不安。先是矢口否认,但最终终于招认了。父母此时怎么对待呢?当然,我们的孩子一定要赔偿邻居,而且不论花多少时间,也要把邻居屋子上以及四周溅到的蛋渍清理干净。

(5)一个孩子问都不问就拿走朋友家中的某样东西

"顺手牵羊",像未经允许就拿走朋友母亲桌上的5支笔啦、或是从朋友家中的碗里偷偷抓走一大袋的巧克力,这些情形在孩子身上很常见,主要是因为他们并不认为顺手牵羊是件什么大不了的事。因为这些东西通常不大、也不贵,所以孩子甚少认为拿走它们就等于是偷窃。

父母的责任是,我们一定要让孩子明白,只要是未经允许而把他人的东西拿走就是偷窃的行为。

如果你十分确定自己的女儿偷了东西,那么你一定要强硬地问出她是在哪里、如何偷得的。不要让她招供得太轻松,因为这么一来就好像是你原谅了窃贼一样。一旦被逮到,孩子应该知道父母并不赞许他们的所作所为,而家长也应该坚持要他们立刻将东西归还失主。这是一个让父母将价值观传达给孩子的好机会。

(6)一个小孩不付钱就拿走店里的东西

商店扒窃比"顺手牵羊"稍微严重一点,因为孩子是从无面孔的、无姓名的机构拿走东西。甚至连正直不阿的家长的孩子也会扒窃一次、两次、或更多次——直到他们被逮到，或直到他们大到不再认为拿了东西跑掉是一种"乐趣"。

父母怎么处理呢？一旦发现孩子扒窃就要立刻向他质问。

并不是说不盘问的话，他就会赞成惯窃，而是因为这提供了一个价值观与行为直接相关连的情况，让我们可以和学龄阶段的孩子谈谈更广泛的、与道德有关的问题。当然，孩子必须归还、替换、或是赔偿偷走的东西。我们再次坚持孩子必须当面向店家道歉，以让他明白偷窃会使人蒙受损失。很多父母也会想要以施加某种处罚的方式，来让孩子明白他们对这种偷窃行为是多么不悦。

父母可以采取的一种预防措施是监控——但并非窥探——孩子的所有物。如果一个9岁大的男孩有一张父母以前从未见过的CD，这时家长就有权质问他。如果他的解释听来可疑，家长甚至可以要求看他的购买收据。

如果扒窃的行为背后似乎隐藏着某些心理上的因素，或是难以抑制并且持续不断的话，那么你就应该寻求心理医生的治疗。

(7)一个孩子经常向同伴夸耀她拥有的东西与金钱

孩子有时候喜欢炫耀，但这种情形若是经常发生，则可能意味着孩子需要有东西来支撑他的自我形象。他可能觉得自己不够重要，所以需要展示自己的东西来使别人关心他。另外一个对于过度炫耀的解释，可能是因为他听到父母说"我的车子比邻居的大、好、贵"，所以他的炫耀就是学来的。

父母的责任是，别去管偶尔一次的夸耀。但是，如果你的孩子经常在炫耀他的东西，你就要找出原因。

如果能让他了解他受欢迎与否并不在于他有什么东西，而是在于他是什么样的人，我们就能助长其自信心。尽管他对自己以及与同件之间关系的恐惧，在我们看来可能显得毫无来由或有点儿傻，但是这些恐惧对他而言都是真实的。或许我们可以和他谈谈他在哪些方面表现不错，以及他应如何利用那些特质，来展示出他可能自认缺乏的社交技巧。这将有助于让他演练如何处理那些她最畏惧的状况。

父母也必须审视自己的家庭对新事物或贵重物品的反应。我们是否花太多时间来谈论贵重物品？以拥有它们而自鸣得意？赞赏它们？若真如此，

解放父母　解放孩子

我们就别对自己的孩子也作出相同的事而感到惊讶。

(8) 同伴压力迫使孩子花用超越自己拥有或想花的钱

孩子会拿自己和朋友做比较。在团体中被认同是最有意义的事，而和别人不同就表示要冒不被团体认同的风险。即使说"不"、"我不能"、或"我没有"甚少会造成孩子不被朋友认同的结果，但很多孩子还是不太敢冒险与众不同。家长的责任是，朋友很重要，而有时在孩子的某个人生阶段，朋友是最重要的。如果孩子花钱的程度跟不上周围的朋友，我们就必须帮助他了解自己有哪些选择。他可以赚取额外花费所需的钱。这么做有两点好处：其一是他将不会错失大多数"有趣的事"，因为他有额外花费所需的钱。其二是当他在赚钱时，他便没有时间花钱了。

如果他的收入仍然无法赶得上花钱快的朋友，那么他或许应该寻求其他比较不花钱的活动的朋友。

(9) 你的孩子心中充满了对他人的嫉妒

嫉妒与羡慕是正常的。心理学家告诉我们这两者反映出一个孩子的成长。不过，嫉妒与羡慕是不同的。一个嫉妒的孩子看到别人有游戏机时会想要把它从朋友身边夺走，然而一个羡慕的孩子则是也想要一个一模一样的。

尽管孩子嫉妒的因素很多——兄弟姊妹之间的竞争、被注意与关爱的需要——但持续不断的嫉妒会成为一只怪物。强烈的嫉妒可能会导致严重的行为偏差，例如偷窃。

父母的教育责任是，如果一个孩子嫉妒兄弟姊妹所拥有的东西，我们就必须审视自己的行为。我们是否在某个孩子身上投注比在其他孩子身上还要多的时间、金钱、或精力？我们是否因为特殊情况而必须那么做？或者只是因为偏心？不论哪一种情形，如果孩子显得特别嫉妒某一位同伴，你就应该和他谈一谈，看看他能不能告诉你他的感受。不必屈服于任何无法无天的要求，通常只须每周花一点时间私下与孩子聊聊，或是多给他一点你认为他需要让自己好受些的特别拥抱与支持，这种情形就可以改正过来。

如果嫉妒导致孩子偷窃、打人、或是其他负面的行为，首先我们必须否定他的行为，然后坚持他必须为自己的行为负责，例如赔偿偷窃的物品、向被他打的人道歉等等。

如果嫉妒的情况不但严重而且还持续不断的话，这可能是孩子情绪苦恼的迹象,此时你应该寻求心理医生的帮助。

(10)孩子因为父母失去工作或家庭有财务危机而恐惧

孩子很快就能发现家中经济吃紧的状况。若是没有人停下来为他们说明发生了什么事,他们会变得极度不安。他们不知道自己是否就是造成家庭经济吃紧的原因。即使察觉出事实并非如此,但是因为家庭的问题多少与钱有关,所以他们会担心自己将成为那些在电视上或在街上看到的游民。他们也会为与事实相差十万八千里的事情担心——家长要离婚、有人会死掉、他们将搬家远离朋友。

父母的责任是,我们必须简明扼要地向孩子说明家庭的财务问题,这样他们才不会把这种困境想得太悲惨。说明的深度视孩子的年龄与成熟度而定。

纵使孩子常常愿意为了帮助舒解家庭财务负担而牺牲奉献,我们也不可以让他们觉得有责任要解决财务困难。毕竟那是大人的事。

第十一章

让家庭成为孩子诗意的天堂

解放父母 解放孩子

◇给孩子营造一个民主和谐的家庭氛围

父母应该努力给孩子营造一个民主和谐的家庭氛围。这包括：父母之间感情和谐，家庭气氛融洽，给孩子以足够的温暖和关心，给孩子必要的帮助和鼓励；能够设法了解孩子，能和孩子经常沟通，尊重孩子的人格和权益，给孩子适当的独立和自由，鼓励孩子发表自己的见解，要他学会怎样解决自己的问题，让孩子感受到家庭的责任。

一个民主和谐的家庭氛围对孩子的成长起着不可估量的积极作用，在这种家庭氛围中长大的孩子会充满关爱、懂得合作，有较好的适应能力和自控能力，孩子的独立性、积极性、创新精神和社会责任感也会得到最大程度的提高，孩子的性格会更加的活跃、开朗和外向。

那么，什么样的家庭对孩子来说才算是民主和谐的家庭呢？

美国某学者在调查基础上总结了10条各国儿童对自己的父母和家庭的最重要的要求：

1. 孩子在场，父母不要吵架。
2. 对每个孩子要一视同仁。
3. 不能对孩子失信或撒谎，说话要算数。
4. 父母之间要谦让，不要互相责难。
5. 父母对孩子要关心，关系要亲密。
6. 孩子的小朋友做客时要真心欢迎。
7. 对孩子不要忽冷忽热，不要发脾气。
8. 尊老爱幼，重大事项决定前要征求大伙儿意见，要有家庭民主。
9. 家里搞一些文体活动，星期天至少玩半天。
10. 父母有缺点，孩子也可以批评。

事实上，把上述10条要求简单作一个归纳，就是要为孩子创造一个轻松、和谐、民主和充满爱的家庭环境。

在认识到孩子眼中的民主和谐的家庭是什么样子之后，父母接下来要做的就是清楚地把握如何打造一个民主和谐的家庭。

一、父母要理解威信这两个字的真正含义。

子曰："其身正，不令而行；其身不正，虽令不从。"父母应该认识到，自己的威信和孩子之间的是一种积极的、肯定的相互关系，而这种关系的基础，是父母对孩子的尊重与孩子对父母的爱戴，不是训斥与听命、支配与服从的封建君主专制式的"威信"。

二、父母要充分尊重孩子的人格，给孩子足够的自主权，维护孩子的自尊心。

在教育孩子尊重父母，尊重他人的同时，父母也要尊重孩子，不要把孩子看成是自己的附属物，而是应该把孩子当作一个独立的个体，尊重孩子的人格。

三、父母之间要互敬互爱、互谅互让。

父母是孩子的第一任老师，一言一行对孩子有着潜移默化的影响。因此，父母之间要有民主作风，即使发生矛盾或者摩擦时，双方也要心平气和地讲道理，妥善处理，以身作则，要求孩子做到的自己首先做到，而不能当着孩子，大吵大闹，拳脚相加，用粗暴的方式解决问题。只有夫妻和睦，才能创造温馨的家。

四、父母要明确告诉孩子他所拥有的权利。

孩子作为一个独立的个体，作为家庭一员，他应该拥有自己的权利，同时，也必须承担一定的义务。因此，在孩子幼小时候，父母就应该明确地告诉他，他拥有哪些权利和必须承担的义务。

解放父母　解放孩子

◇ 给孩子建立一个家庭图书馆

　　家庭环境对孩子的学习起着至关重要的作用。在所有的家庭开支中，父母应该考虑拿出一部分资金来购买一些对所有家庭成员都有益的参考资料，尤其是对于孩子有益的。

　　具体来说，如果孩子还小，父母可以购买一些带有插图的儿童词典。但必须保证词典内容具有高度的正确性。因为孩子在以后的学习生活中会时时用到它，初始的错误往往给孩子今后的学习造成极大的困惑。告诉孩子如何使用词典，培养孩子不懂就查阅词典的良好习惯。

　　你也可以教会孩子如何将词典作为扩充自己词汇的一种工具。如果他经常翻阅词典，并从中认识一个字或学到一两个词语，词汇量将会不断增加，而且也能更好地欣赏别人的东西。鼓励孩子一天内在三四个句子中练习用同一词语，这样他便能更好地懂得其含义与用法。

　　地图册可以把整个世界呈现在孩子的面前。地图册比某一张地图所包含的世界更大更广。文化地图也许是孩子们最感兴趣的一个领域。

　　在孩子开始学习作文之时，教给他如何运用同义词词典。以扩大他的词汇，使他的语言表达丰富多样。

　　如有可能，你可以买上一套大百科全书。但切莫买来之后让它放在一边，满是灰尘。经常拿出来从中寻找问题的答案。

　　在你家里应配上一套古典文学名著，让孩子欣赏古代杰出的文化遗产。

　　你可以带孩子去观赏一次盛大的音乐会，也可以带孩子去观看一次画展，培养孩子对艺术的鉴赏力。你也可以购些音乐、舞蹈、绘画等方面的杰作，让孩子有空之时拿出来慢慢欣赏。

　　买一些儿童烹调、科技原理、手工制作、修理等方面的书籍，让孩子将科学、艺术与数学知识结合运用到实际生活中去。

在家人的生日、重大节假日、孩子毕业或考入更高一级学校或其他的一些特殊节日里,你可以买一些书籍作为礼品,让书向家人传递人间的温情爱意。

在孩子出生以后,越早建一个家庭图书馆越好。父母越早让孩子们习惯地看到书的封面、装帧、书页,他们也就会越早形成一个概念:原来书是日常生活的一部分。

美国著名教育家崔利斯对如何营造一个家庭图书馆提供了几点建议(尤其适合孩子不满4岁的家庭):

1.把书分成两类:贵的和便宜的。贵的书和比较易损坏的书放在书架比较高的地方,孩子轻易够不着(但能看见)。在书架较低的地方,放比较便宜的书,最好是耐磨损的。如果便宜得足够可以,你甚至可以让孩子去"玩"书,给他充分的机会去看、去摸、去尝一尝。(这就是公共图书馆的书做不到的。另外,中国的公共图书馆远远不如美国的发达,借低幼孩子的书相当困难。)

2.父母要给孩子做个好榜样,小心地、富有感情地对待书,可以试试这么对书说话:"啊,这是我们的老朋友《小托德》,好久不见了。"如果孩子像对待玩具熊那样富有感情地对待书,父母应该鼓励。孩子甚至可能会把书和他心爱的玩具放在一起。

3.如果空间许可,可以让家庭图书馆里摆放的一些书封面朝外。这会让孩子老想着:这本书里到底有什么东西呢?所有学习兴趣的基石都一样,就是好奇心。

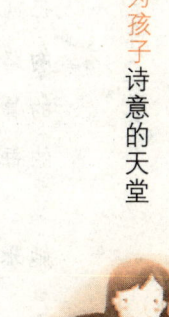

解放父母　解放孩子

◇ 让家庭带给孩子快乐的力量

快乐是孩子的天性；快乐是成长的力量；快乐是成功的法宝。然而，现实生活中，并不是每一个孩子都是快乐的，也不是每一个父母都能改变孩子的不快乐境遇，即使父母已经意识到这种不快乐境遇对孩子的恶劣影响。

为什么有的家庭总能够帮助孩子应付各种问题，有的却不能，反而因此埋怨孩子呢？其实，家庭是否能够带给孩子快乐的力量，取决于家庭成员之间的感情和思想联系的密切程度。因为不管孩子在外面遇到什么，家庭是他的加油站，是他的坚强后盾。

大学生小玲来自湖北一个偏远的小山村。因为她的年龄在同宿舍四个女孩中最大，便被她们称为"大姐"。她也真正承担起"大姐"的职责，认真打点全寝室生活中遇到的点点琐事。

小玲是一个活泼可爱的女生，在她那清秀纯洁的脸旁上，永远是灿烂的笑容，一个典型的"阳光少女"。小玲十分热爱生活，最喜欢穿粉红色的衣裳；她性格开朗大方，人缘很好；她回一次家需要三天的时间，首先坐火车到武汉，后乘长途汽车到县城，再坐船到他们乡，还要走上半天的山路才能见到父母。

小玲的父母都是纯粹的农民，全家人的生活和两个孩子的学费都靠父母两双勤劳的手从地里刨来。因此，家里的经济状况十分拮据。那一百多元的路费对于小玲来讲，实在是太沉重了。以至十分恋家的她，在长达两个月的暑假里不敢奢望回家，而是一口气接了三份"家教"，顶着酷日奔波在城市的每一个角落。

这么一个快乐开朗又极为懂事的孩子是怎么教育出来的？是什么给了她乐观、勇敢面对生活的力量？

小玲自己说出了答案：是她那温馨的家庭给了她快乐的力量。无任她在外面遇到了什么，家庭都是她的加油站、是她的坚强后盾。

　　小玲的母亲是他们山村中为数不多的高中生；父亲曾在青岛当过六年的海军，他们深知"知识能改变命运"的道理。只要两个孩子能读书，他们就甘愿为此奉献出了自己的一切。母亲在小玲脑中的印象是"默默奉献、忍耐、宽容"，父亲是一个"从不泄气、为了家庭仍像坚强的战士一样"。虽然村里唯一一家没盖新楼的就只剩他们家了，但在这幢旧屋里却总是飘出一阵阵爽朗的笑声。

　　小玲回忆起童年的生活来，眼里写满了幸福的笑意："家里虽然清贫，但日子过的十分地快乐。最难忘的是全家人在一道吃晚饭、一起聊天的光景。我们各人把一天中听来的笑话和有趣的事讲给家人听，这几乎成为固定的节目。我和弟弟一天中最盼望就是吃晚饭。只要天气晴朗，还有一件让我们兴奋的事，就是父亲会带上我们俩去村东头的小河湾边玩耍，讲一些他在部队的趣事和大山外面的世界。让我们自豪的是父母从不把我们当小孩子看待，经常和我们一起谈他们年轻时的理想和目标，倾听我和弟弟的胡思乱想。也从不隐瞒家里的经济紧张的状况，面对贫困，我们总是一道想办法、出主意，看怎么来战胜它。在我上高中、弟弟上初中时，全家就一道商量怎么样保证我俩的学费。年过四十的父亲笑着告诉我们，他战友给他在青岛找了一份工，他会马上动身去挣钱。他说学费的问题是他和妈妈的事，我和弟弟的任务是开心地读好书。的确，父亲的信任和乐观给了我面对困难的勇气，使我对未来充满希望。"

　　小玲的讲述令人感慨万千。物质的贫乏、文化的闭塞并不能阻挡爱的传递，那种爱，来自他们善良的母亲、勤劳的父亲。他们积极向上的生活态度，像春雨一般的润物无声；他们抚养教育的目的，是让孩子成为一个快乐的、有用的人。是快乐的家庭给了孩子快乐的力量！也只有快乐、积极的家庭，才能长出有快乐、积极心态的孩子；只有快乐、积极的家庭，才能让孩子面对生活，微笑着说："太好了！"；面对困难，勇敢地说："我能行！"。

　　在人世中，不是每一位父母都有能力完全改变孩子的境遇，但是我们每个做父母的却能改变自己的家庭。

第十一章　让家庭成为孩子诗意的天堂

解放父母 解放孩子

那么，如何改变家庭，使其给孩子带来快乐的力量呢？

一、经常与孩子交流

做父母的常常只注意家庭琐事或家庭开支等事情，而没有时间和兴趣去探知自己以及孩子的感情。你曾有几次和家人坐下来谈你的理想和目标呢？你又有几次向孩子询问：你担心什么？你快乐和不快乐的事是什么？

二、适当的让孩子为家庭分忧

很多父母在遇到疾病，经济紧张，亲人死亡的事，常常会瞒着孩子。他们的理由是怕孩子被吓住。其实，大可不必这样，只要你在讲述时不去夸大，而且表现得有信心，孩子是不会被吓住的。孩子也只有在这些事情中才能培养起生活必需的勇气。

三、珍视全家一起用餐的时间

即使最忙碌的时候，每周也应至少有一两次和孩子轻松地用餐，而这时不要数落孩子的不足。适当的时候，要鼓励孩子请他的朋友来家做客，这样可以让父母认识孩子的朋友，也使孩子感到自己在家里受到尊重。

四、定期和孩子合作完成一件事

任何群体都是这样，有人提出一件大家都感兴趣的事去做，会使所有人的心情为之振奋。

五、建立相对固定的家庭传统和仪式

相对固定的家庭传统和仪式，会让孩子对家庭产生必要的敬畏和归宿感，也能培养孩子从小学会区别哪些是一般的事哪些是重要的、特别有意义的事。如：春天出去远足，秋天登高等。

六、给孩子讲一些家庭的往事

如：给孩子讲老一辈创业的事，父母小时候的事等。这些事有时会比讲虚构的故事对孩子的吸引力还大，同时这会让孩子体会到亲密体贴的感觉。

家庭传给孩子的力量是如此的巨大，什么不快乐都会被克服。同时，孩子也会在参与活动的过程中，逐步形成健康向上的价值观。

◇ 把笑容留给孩子

脸上挂着微笑的人，无论是成功还是失败，无论是快乐还是悲伤，都能在勇敢面对的同时，让别人感受到他的快乐。这个道理用在父母与孩子的身上恰如其分。

人生难免遭遇风浪，如果把孩子比作风浪中行驶的小船，那么父母的笑容就是那平静的大海，它托着小船，护着小船，鼓励孩子乘风破浪，勇敢地划向彼岸。

家庭生活，不能缺少了父母的微笑，少了父母的微笑，孩子又怎么能感受到家庭的温暖与快乐？

上海的陈先生过去因为儿子学习成绩差，经常和妻子吵架，二人不仅互相埋怨，还要同声共气地训斥儿子是"笨蛋"，结果孩子的学习越来越差，最终有一天，终于落到了全班的最后一名。起初先生很气愤，又想好好地教训一顿儿子，可冷静下来一想，生气也没有用，不如换一种方法试试。于是他接过儿子的考试卷，微笑着对儿子说："太好了，儿子！这回你就不会再有什么负担了！"

儿子听了这话，一下子摸不着头脑，小心翼翼地问道："爸爸，您是不是气坏脑子了？"陈先生闻言大笑道："你这小子，老爸有那么没心胸吗？我只是想通一个道理。儿子，你想想啊，一个跑在最后的人还能有什么负担呀，你不用再担心别人会超过你，你只要往前跑，那就是在进步！"

儿子听完后大受启发，一想，是这个道理啊，在寓言《龟兔赛跑》里，乌龟还能跑第一呢！于是，他心里高兴起来、轻松起来。第二次考试，他的成绩是

全班的第15名。

这次，陈先生更是满面笑容了，他拿过考试卷子兴奋地对儿子说："太好了，儿子！比上回已经前进十几名了！"听了这话，儿子很高兴，也产生了继续前进的动力。

紧接着的第三次考试，儿子考到了全班的第五名，爸爸激动地说："太好了！儿子，你真了不起！离第一名就差4个人了！"

"后来，我儿子的成绩一直是全班第一名！"讲到这里，陈先生的脸上洋溢着一种满意的笑容。

陈先生的育子经历很有教育意义。的确，无论孩子出现什么问题，父母都能微笑着解决，那么，何愁孩子不会快乐呢？当然，要做到这一点不是一件容易的事情，先不说父母在现实生活中难免会遭遇各种不如意、不顺心之事，不可能总是面带笑容，也不可能总是保持快乐地心情。最关键地问题还是在孩子身上，试问，有那一位父母不希望自己的孩子学习好、听话、懂事、不给自己惹麻烦呢？一旦孩子在这些方面出现问题，比如成绩考砸了，把家里的东西弄坏了等等，这种情况下，父母不暴跳如雷就是万幸了。从这一点上说，上文陈先生的做法的确值得所有的为人父母者好好学习。

◇ 让孩子带着秘密成长

儿童文学大家冰心曾说过这样一句话：让孩子像野花一样自然生长！

而有一位网友则用精彩的描述延伸了这句话的意义：野花应当长在野地里，所以为孩子创造一片"野地"是最为重要的！

那么，如何理解这个"野地"呢？所谓野地就是自由的成长空间、民主的空间、信任的空间，允许孩子有自己的秘密。教育要自然和谐，也就是遵循规律，带着秘密成长就是孩子的一个规律。

在家庭生活中，不少父母出于对孩子的关心，对于孩子所有的事情都要了解，都要干预，有时不顾孩子的切身感受，强行了解孩子的小秘密，给孩子造成了心理伤害。这是很不合适的，因为孩子虽小但毕竟是人，人就有人的人格。不管是谁都应尊重别人的起码人格，也包括自己孩子在内。孩子在很小的时候就已经有了自己的思维方法，已经开始思想，他们心中有一些秘而不宣的东西，并不喜欢他人知道，更不愿意别人干涉，随着年龄的增长，这种感受变得越来越强烈。做父母的要尊重孩子的这些隐密，不要去追问他们。当孩子认为这些"秘密"需要他人了解的时候，会告诉父母和他人的。如果父母一味地，甚至干出有伤孩子心理意愿的事情，那孩子一定十分伤心。他可能认为自己在家中没有地位，没有得到应有的重视，而放弃对美好学业的追求，心灰意懒，丧失不断进取的积极性。

有一位妈妈偷看了上初中的女儿的日记，看了以后大发雷霆，因为她发现女儿在日记里写了她的性幻想。她对女儿狠狠地说："你真不要脸，这么小的年纪就想到这些问题，丢死人了！"最后，这位母亲还说要把女儿的日记告诉老师、同学。女儿感到十分愤怒，和她妈妈争辩，可是这位母亲怎么也不道歉，而且执意要告诉学校。结果女儿被逼无奈，离家出走，母女关系闹僵了。

这位母亲的做法是愚昧的，是错误的。错在哪里？第一，她侵犯了孩子的隐私，孩子的隐私权是不能侵犯的，隐私就是她不愿意告诉别人的事情；第二，她不但偷看了女儿的日记，而且还扬言把日记的内容告诉老师，那么她这就犯了第二个错误，把女儿的隐私通告给别人，更是错上加错了。

孩子心中的"秘密"五花八门：有的"秘密"是暂时的，他们想让父母或别人在他们的成绩面前感到惊讶。但有些"秘密"则是比较长久的，深藏在内心深处的。比如，电影《泉水叮咚》中那个叫"木头"的小女孩，对后母存有戒心，她很爱自己的生母，对生母的感情很深，在自己的小盒子里珍藏着妈妈的照片和礼物。这种"秘密"是藏在内心深处的，不轻易暴露，只有细心观察才能感觉到。对这种事情不要急于追问，或动辄打骂，这无益于孩子心理意愿的转化。这样的孩子需要用行动和情感去感化。当"木头"经过若干事情，真正体会到后母对自己的一片深情后，也就自然地吐露了心中的"秘密"。孩子心中的"秘密"也可能会有不够健康的东西，这更需要父母尊重孩子的"秘密"，

解放父母　解放孩子

更多地去关心和理解他们，更多地进行正面教育。这样，孩子才会自觉接受父母的批评，并心悦诚服地改正。

那么作为父母，怎么才能做到相信孩子，并让其带着秘密健康成长呢？教育专家给出了自己的建议：

一、作为父母，应该给孩子一个独立的空间

如果家庭有条件的话，可以给孩子一间独立的房间，或者给孩子一个只有他自己才能开启的抽屉，允许孩子有一个较自由、安全的空间，并让孩子知道，父母相信他，不会破坏属于他自己的空间，这样能让孩子在家里找到一个有安全感的地方，不至于向外寻求安全，从而远离家庭，远离父母。

二、父母以身作则

父母之间可以有一些小秘密，相互尊重对方的隐私，不要相互指责、猜疑。必要的时候，把自己的秘密拿出来和孩子分享，听听孩子的意见。

三、不打击孩子

即使知道了孩子的秘密，也不要像抓住小辫子一样对孩子进行打击、批评，要像帮助朋友一样帮助孩子，给他们出主意想办法。